Berlitz®

W0238224

LA MÉTHODE NELSON
anglais

france télévisions distribution

Berlitz Publishing

Londres Munich Paris

LA MÉTHODE NELSON
anglais

Contacter les éditeurs
Bien que l'exactitude des informations présentées dans cette méthode ait été soigneusement vérifiée, n'hésitez pas à nous faire part de vos corrections en cas d'erreurs ou d'informations complémentaires, écrivez-nous à l'adresse suivante : Blay Foldex/Berlitz, 40-48, avenue des Meuniers, 93108 Montreuil Cedex, France. E-mail : info@berlitzeditions.fr.

Directeur de collection : Cédric Pignon
Direction de l'ouvrage : Patrick White, Wordbox Language and Publishing Services Ltd
Auteurs : Ronan Fitzsimons, Alison Macaulay, Lola Busuttil
Illustrations : Patrick Lemerle/la bande destinée
Conception graphique et mise en page : Sharon McTeir, Creative Publishing Services
Cartographie : © mo'media, Breda, Pays-Bas

1re impression février 2011
Imprimé en U.E.
ISBN : 978-2-400-20033-4

Do you speak English?

Combien de fois entendons-nous cette question lors de voyages à l'étranger notamment ? Eh bien, c'est à cette incertitude que j'ai voulu répondre dans ce livre !

L'ouvrage que vous avez sous les yeux n'est pas une méthode de langue comme une autre, mieux (ou pire ? c'est selon !), elle ne se veut pas non plus infaillible. Il ne s'agit aucunement de traduction ou d'interprétation littérale – et encore moins littéraire – de l'anglais vers le français et vice-versa.

Ainsi, si vous rêvez d'appréhender Milton ou Shakespeare dans le texte, passez votre chemin, ce livre n'est pas pour vous. En revanche, si vous souhaitez sourire – rire ? – et vous promener à Londres à la rencontre de nos voisins britanniques, ces quelques chapitres vous y aideront...

Ceux d'entre vous qui suivent le sport à la télévision reconnaîtront des héros ou des personnages qui font le lot quotidien des coulisses de ce passionnant métier qu'est le journalisme.

Bref, *and last but not least*, si vous souhaitez avant tout passer un bon moment, sans nécessairement tourner les pages dans l'ordre, si vous désirez vous évader, vous prendrez plaisir à cette méthode.

Et surtout, avec le livre, vous trouverez un CD qui vous permettra de dialoguer comme si vous étiez à Trafalgar Square ou dans les allées de Wimbledon !

Alors, à vos marques : *ready, steady, go!*

Nelson Monfort

Sommaire

La Méthode Nelson

Comment ça marche ?

Le concept

Vous avez peut-être appris un peu – voire beaucoup ! – d'anglais il y a plusieurs années de cela et depuis, les occasions d'utiliser et de rafraîchir ces connaissances n'ont peut-être pas été très fréquentes… Ou vous pratiquez peut-être déjà l'anglais de façon régulière, mais un je-ne-sais quoi vous empêche de le parler autant et aussi librement que vous le souhaiteriez ? Quel que soit votre cas, cette méthode a été conçue pour vous. Son objectif est simple, et je suis là pour vous aider à le réaliser : parler l'anglais sans complexe ! Sans peur de la grammaire, de l'erreur ou même du ridicule. Pas de souci, cette méthode est là pour vous faire retrouver le plaisir de parler une langue étrangère, le plaisir d'échanger et de communiquer avec des personnes d'une autre culture. Alors lancez-vous, parlez anglais avec moi !

Pour la petite histoire

La rédaction des sports de France Télévisions m'a envoyé en reportage au Royaume-Uni pour réaliser une série d'interviews de personnalités britanniques du monde du sport et de la culture. Cette mission s'annonce comme une expérience passionnante, une occasion unique de découvrir de nouveaux pays, de faire la connaissance de nouvelles personnes toutes aussi différentes que passionnantes. Comme vous le remarquerez très vite, à chaque interview, je vais m'arranger pour obtenir de mon interlocuteur un souvenir afin de me constituer une petite collection qui me rappellera mon voyage ! Quoique… Il se peut que je fasse don de quelques-uns de ces souvenirs liés au sport au Musée du Sport du Parc des Princes… !

Repérez-les tout au long des reportages, je vous invite à remplir ensuite le petit inventaire en fin d'ouvrage (p. 122) pour vérifier que vous avez bien tout suivi !

Dialogues

À chaque étape de mon séjour, vous trouverez un dialogue, parfois deux, dans lequel je réalise une interview ou tiens une conversation avec quelqu'un. Vous allez voir, nous allons bien nous amuser ! Il m'arrivera peut-être de commettre quelques erreurs ou faux-pas… mais c'est ça aussi, la communication vivante et en direct ! Le petit CD que vous découvrirez au fil des pages vous indique que vous pouvez écouter le dialogue sur le CD audio accompagnant ce livre. Vous trouverez la traduction de chaque dialogue à la fin de chaque étape – Soyez sport, essayez de résister à la tentation de la consulter avant d'être arrivé au bout de l'étape !

Activités

Bien sûr, mes amis, pour apprendre une langue étrangère, il va falloir vous entraîner, c'est pourquoi je vous ai concocté quelques activités à chaque étape. Pour réaliser certaines des activités, il vous faudra écouter le CD audio : celles-ci sont aussi signalées par le CD. Les réponses se trouvent à la fin du livre, dans les corrigés.

Language notes

J'ai aussi inclus quelques notes très utiles sur des points importants de la grammaire et du vocabulaire anglais. Retrouvez-les accompagnées de ce petit dessin de moi-même ci-contre :

Notes culturelles

Comme je pense qu'il est vraiment important – et aussi amusant – d'apprendre l'anglais tout en découvrant le mode de vie et la culture des habitants des pays où on parle l'anglais, j'ai rassemblé quelques informations culturelles intéressantes sur ces derniers. Je vous les présente dans mon plus beau costume de tweed !

Prononciation

Les Anglais ne nous facilitent pas vraiment les choses avec leur orthographe si peu évidente – et qui n'a décidément pas grand-chose à voir avec la manière dont on prononce les mots… Pour vous aider, vous trouverez quelques conseils dans les encadrés introduits par un petit dessin de moi tenant un micro. Et il vous sera utile de pouvoir les écouter, ils sont bien sûr tous inclus sur le CD audio.

Training tips

Derrière chaque grand sportif se cache un grand entraîneur. Si vous voulez que je sois votre coach en anglais, écoutez les conseils et « trucs » que je vous donne à côté du dessin de moi en jogging, clipboard à la main. Vous pourrez aussi retrouver tous ces « trucs » sur le CD audio – pas mal, non ?

Pauses

Je n'ai pas oublié de vous ménager des pauses, essentielles pour reprendre votre souffle ! Ces pauses ont été savamment réparties tout au long de la méthode, six rubriques hautes en couleur et truffées d'informations pratiques, curieuses et cocasses sur la langue et la culture anglophone. Bonne lecture !

Et ce n'est pas fini ! Vous verrez que j'ai fait une rencontre pour le moins étonnante lors de mon séjour en Grande-Bretagne… J'y ai rencontré mon double ! Découvrez-le sur le site www.berlitzeditions.fr, où vous pourrez télécharger librement l'enregistrement de cette rencontre mémorable !

Petit glossaire

Aux pages 113–114, vous trouverez un mini-glossaire avec certains des mots que vous aurez rencontrés dans la méthode. Pourquoi ne pas utiliser cette liste pour tester votre vocabulaire ? Vous n'avez qu'à cacher la colonne avec les traductions en français pour vérifier combien de mots vous arrivez à reconnaître, et vice-versa !

ÉTAPE 1

Anyone for tennis?

Quelqu'un veut jouer au tennis ?

Mission...
Voilà une manière formidable de commencer votre voyage au Royaume-Uni : aujourd'hui, Nelson, vous allez interviewer le numéro un du tennis britannique, Sandy Smash, qui va participer au championnat de Wimbledon cette semaine.

Dialogue

Nelson Monfort: Hello, Sandy.
Sandy Smash: Hi. How's it going?
Nelson Monfort: Good, thanks. Are you looking forward to Wimbledon this year?
Sandy Smash: Yeah. I always look forward to playing in front of a British crowd. They're amazing.

Nelson Monfort: Is this your year, Sandy?
Sandy Smash: Well, I've worked hard, I'm feeling good, I'm playing well. So, yeah, I'm in with a chance.
Nelson Monfort: So, shall we practise? Your serve? Just imagine I'm Roger Federer!
Sandy Smash: Sure. Are you ready?
Nelson Monfort: Ready.
(Sandy sert. Nelson attrape la balle et la met dans sa poche.)
Nelson Monfort: Ha! The perfect addition to my collection!
Sandy Smash: Hey! You're supposed to return it to me!
Nelson Monfort: Ha ha. Good luck, Sandy! Bye for now.
Sandy Smash: Hey! I haven't even signed it yet! Oh well, see you later.

Activité 1

Est-ce que vous avez remarqué que Sandy et moi avons employé un mot différent pour dire « bonjour » ? Quels sont-ils ?

……………………………………………

……………………………………………

Nous avons aussi employé une expression différente pour se dire « au revoir ». Les avez-vous repérées ?

……………………………………………

……………………………………………

LANGUAGE NOTE

Pour se saluer

Hello.	Bonjour.
Hi. / Hey.	Salut.
How's it going? / How are you (doing)?	Comment ça va ?
All right?	Ça va ?

Pour prendre congé

Goodbye.	Au revoir.
Bye. / Bye for now. / So long. / Cheers.	Salut.
See you (later).	À tout à l'heure.

Dans un langage plus soutenu, on dit :

How do you do?	Enchanté.

Histoire d'annoncer la couleur, avant de dire au revoir, on commence parfois par dire « bon, ben je dois y aller » :

Well,	I'd better be off now.	
Right,	I must be going now.	
OK, then.	I've got to	dash.
	I must	run.
		head off.
		make a move.

Un petit conseil, si je puis me permettre : N'employez How do you do? que quand vous rencontrez quelqu'un pour la première fois. Et ne vous étonnez pas : la réponse habituelle à How do you do? est tout simplement… How do you do? ! Non, le disque n'est pas rayé, il s'agit simplement d'une forme conventionnelle de salutation !
En Grande-Bretagne, j'ai remarqué qu'on se serre aussi la main lors d'une première rencontre. Entre jeunes, c'est plus rare, car jugé un peu guindé. De fait, maintenant on se fait plus souvent la bise qu'autrefois, surtout entre jeunes, et entre femmes. Bon gré, mal gré, ils commencent à devenir européens, ces Britanniques !

Activité 2

Vous le savez bien, on ne dit pas bonjour et au revoir de la même manière selon qu'on s'adresse à son supérieur et à son meilleur pote. Alors, indiquez pour chaque photo la formule de salutation anglaise qui convient et la réponse de l'interlocuteur qui lui correspond.

1) 

A : ……………………………

B : ……………………………

2) 

A : ……………………………

B : ……………………………

3) 

A : ……………………………

B : ……………………………

Activité 3

Et maintenant, parlons un peu tous les deux ! Écoutez-moi vous dire bonjour ou au revoir et répondez-moi en anglais.

1) Hi, how's it going?

……………………………….

2) How do you do?

……………………………….

3) Well, I must be off. Bye for now.

……………………………….

4) It was great to meet you. Goodbye.

……………………………….

PRONUNCIATION

En anglais parlé, un peu comme en français, on a tendance à « avaler » certains sons et syllabes. Le CD qui accompagne ce livre est truffé d'exemples de ces mots « tronqués », c'est-à-dire tels qu'ils sont prononcés dans la vie réelle. Pour vous habituer, commencez par réécoutez les pistes de cette unité, en prêtant l'oreille à ces expressions dont certains sons sont passés à la trappe. Il ne vous reste plus qu'à imiter !

Activité 4

Et maintenant, à vous d'« avaler » certains sons : essayez de prononcer les expressions suivantes comme sur le CD. Avec un peu de chance, on vous prendra peut-être pour un Britannique !

1) How do you do?
2) How are you doing?
3) Pleased to meet you.
4) Nice to meet you.

TRAINING TIP

Relax! Comme on dit en anglais : « practice makes perfect » (autrement dit, « c'est en forgeant qu'on devient forgeron »). En guise d'entraînement, quand vous écoutez le CD, prononcez des mots ou passages à voix haute en essayant d'imiter au mieux l'original. Et pourquoi ne pas faire comme moi et chanter à tue-tête vos chansons préférées ? Songs in English, of course…

DIALOGUE – traduction :

Nelson Monfort :	Bonjour Sandy.
Sandy Smash :	Salut. Comment ça va ?
Nelson Monfort :	Ça va bien, merci. Vous attendez Wimbledon avec impatience cette année ?
Sandy Smash :	Ouais. Je suis toujours impatient de jouer devant des spectateurs britanniques. Ils sont formidables !
Nelson Monfort :	Vous allez gagner, cette année, Sandy ?
Sandy Smash :	Hé bien, j'ai beaucoup travaillé, je me sens bien, je joue bien. Donc, ouais, j'ai une bonne chance de gagner.
Nelson Monfort :	Alors, on s'entraîne un peu ? C'est vous qui servez ? Imaginez que je suis Roger Federer !
Sandy Smash :	Pas de problème. Prêt ?
Nelson Monfort :	Prêt.

(Sandy sert. Nelson attrape la balle et la met dans sa poche.)

Nelson Monfort :	Ha ! Juste ce qu'il me fallait pour compléter ma collection !
Sandy Smash :	Hé! Vous êtes censé me renvoyer la balle !
Nelson Monfort :	Ha ha. Bonne chance, Sandy ! Au revoir.
Sandy Smash :	Hey ! Je ne l'ai même pas encore signée ! Bon eh bien, à tout à l'heure !

ÉTAPE 2

Lights, camera, action!

Lumière, moteur, action !

Mission...

Préparez-vous pour une interview-portrait, Nelson. Aujourd'hui, vous allez rencontrer Harry Gaunt, vedette de films tels que « Quatre magrets et une entrecôte » et « Raisin et sandwichs », sur le plateau de son nouveau film, qui se déroule dans l'Angleterre du XVIIIe siècle.

Dialogue

Nelson: Hello, Harry. Thanks for taking time out from filming to talk to us.
Harry Gaunt: Hello, Nelson. It's lovely to meet you.
Nelson: Likewise.
Harry Gaunt: Tea?
Nelson: No, thanks, but I'd love this pretty teacup. I have a little collection.

Harry Gaunt:	Oh, well, be my guest then.
Nelson:	Well, first of all, what's your name?
Harry Gaunt:	*(d'un air perplexe)* Er, my name? Well, it's Harry, Harry Gaunt.
Nelson:	Ha ha! No, in the film, what's your name in the film?
Harry Gaunt:	Oh, I see. Right, well, my character is Sir Percy Bonnington.
Nelson:	Right. And where are you from?
Harry Gaunt:	*(encore plus perplexe)* Well, erm, I'm English of course.
Nelson:	No, no. In the *film*. Are you English in the film? Where do you live *in the film*?
Harry Gaunt:	Oh, right. I'm English, yes, and I live here, in Bonnington Manor.
Nelson:	I see. Very grand! So, do you still play the romantic parts? How old are you?
Harry Gaunt:	That's a very personal question, Nelson.
Nelson:	*(en poussant un soupir) In the film*, Harry.
Harry Gaunt:	Oh right, yes, yes. In the film. I'm still the romantic hero in the film, yes. Not quite over the hill yet. Ha! Now, I really must be getting back to the set. Perhaps we can catch up later?
Nelson:	OK, no problem. What's your number?
Harry Gaunt:	*(à nouveau perplexe)* We're in the 18th century, Nelson. There aren't any phones.
Nelson:	Ah, ces Anglais et leur humour so British...! Never mind.

Les Britanniques ont beau ne plus pratiquer le rituel de l'heure du thé (excepté dans quelques grands hôtels), ils n'en restent pas moins de grands consommateurs. Vous verrez : n'importe quel moment de la journée est bon pour prendre ou offrir un **mug** (grande tasse) de thé, et pourquoi pas, l'accompagner d'un biscuit. Les chaînes américaines de cafés, aujourd'hui très à la mode, ne sont d'ailleurs pas parvenues à détrôner la boisson reine des Britanniques !

LANGUAGE NOTE

Pour vous présenter

I'm... / My name's...	Je m'appelle...
I live in London.	Je vis à Londres.
I'm from England. / I'm English.	Je suis anglais.
I'm 36 (years old). (Jamais *I'm 36 years !)	J'ai 36 ans.

Activité 1

Et maintenant, écoutez le CD car c'est vous que je vais interviewer ! Je vais vous poser quelques questions en anglais : essayez d'y répondre, comme Harry Gaunt, et même un peu mieux !

LANGUAGE NOTE

That is the question!

Pour poser une question en anglais, il faut toujours inverser l'ordre de la phrase. Jusque-là, c'est simple. Là où ça se complique (un peu), c'est qu'il faut faire la distinction entre trois types de questions :

- Si on attend yes ou no comme réponse, et qu'il y a un verbe auxiliaire :
  He is an actor. → Is he an actor?
- Si on attend yes ou no comme réponse, et qu'il n'y a pas de verbe auxiliaire :
  You like tea. → Do you like tea?
  Nelson wants a cup of tea. → Does Nelson want a cup of tea?
- Si on attend une réponse autre que yes ou no :
  My name is Harry Gaunt. → What is your name?
  I live in England. → Where do you live?

Activité 2

Et maintenant, je vais vous laisser jouer les interviewers à ma place : devinez les questions qu'il vous faudra poser pour obtenir les réponses ci-dessous. Attention, je n'ai pas envie de perdre mon boulot !

1) ....?
I live in Bonnington Manor.

2) ....?
I'm 38 years old.

3) ....?
It's 0207 123 4567.

4) ....?
My name's Nelson Monfort.

5) ....?
Oh, yes, I like tea a lot!

Activité 3

Essayez de mettre en pratique mes petits conseils : si vous ne connaissez pas le nom en anglais des objets suivants, trouvez une façon de les décrire.

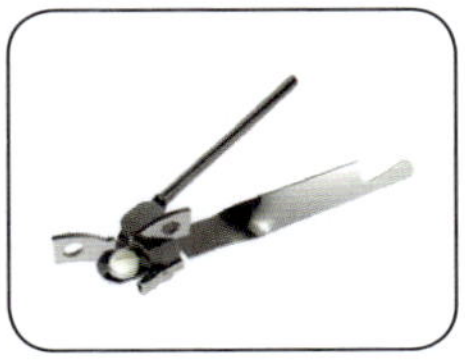

....
....

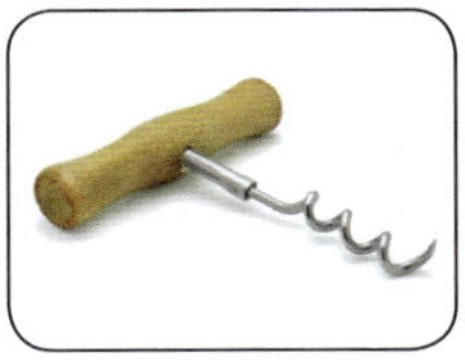

....
....

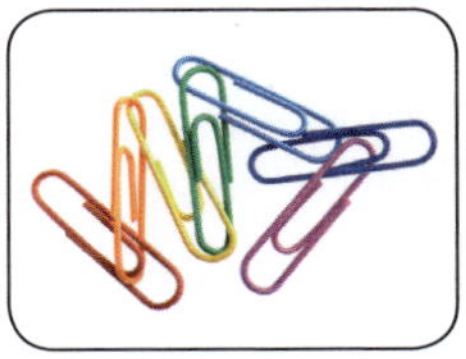

....
....

....
....

Activité 4

Vous le savez bien, je suis quelqu'un de simple, alors écoutez-moi poser les questions « simplifiées » ci-dessous et répétez-les après moi. Veillez à leur donner la bonne intonation, celle des « questions qui s'entendent » !

1) So, you're from Scotland?
2) Your name is Alice?
3) You live in Glasgow?
4) A cup of coffee?
5) A coffee?

Activité 5

Maintenant, faites comme moi : remplacez ces questions par des questions « simplifiées ». Vous verrez, il n'y a rien de plus simple !

1) Can I get you a drink?

………………………………………

2) What's your phone number?

………………………………………

3) Where do you work?

………………………………………

TRAINING TIP

Always remember that « there's more than one way to skin a cat » (autrement dit « il y a plusieurs façons de plumer un canard »). Si vous vous trouvez dans un cul-de-sac, faites comme moi, cherchez un autre chemin ! L'anglais est une langue particulièrement souple, et il y a souvent plusieurs façons de dire la même chose ! Cherchez un mot différent, décrivez ce dont vous ne savez pas le nom, ou donnez sa fonction, et, en dernier ressort, utilisez un mot français – on ne sait jamais !

DIALOGUE – traduction :

Nelson :	Bonjour, Harry. Merci d'interrompre le tournage pour parler avec nous.
Harry Gaunt :	Bonjour, Nelson. Je suis ravi de faire votre connaissance.
Nelson :	Moi de même.
Harry Gaunt :	Vous prendrez un thé ?
Nelson :	Non, merci, mais je voudrais bien cette jolie tasse de thé. J'ai une petite collection.
Harry Gaunt :	Oh, allez-y, je vous en prie.
Nelson :	Alors, tout d'abord, comment vous appelez-vous ?
Harry Gaunt :	*(d'un air perplexe)* Euh, mon nom ? Ben, je m'appelle Harry, Harry Gaunt.
Nelson :	Ha ha ! Non, dans le film, comment vous appelez-vous dans le film ?
Harry Gaunt :	Ah, d'accord. Hé bien, je joue le rôle de Sir Percy Bonnington.
Nelson :	D'accord. Et vous venez d'où ?
Harry Gaunt :	*(encore plus perplexe)* Euh, je suis anglais, bien sûr.
Nelson :	Non, non, dans le *film*. Êtes-vous anglais dans le film ? Où est-ce que vous habitez *dans le film* ?
Harry Gaunt :	Oh, ok. Je suis anglais, oui, et je vis ici, dans le manoir des Bonnington.
Nelson :	Hum, hum. Impressionnant ! Alors, est-ce que vous jouez toujours les rôles principaux romantiques ? Quel âge avez-vous ?
Harry Gaunt :	C'est une question très personnelle, ça, Nelson.
Nelson :	*(en poussant un soupir) Dans le film*, Harry.
Harry Gaunt :	Ah d'accord, oui, bien sûr. Dans le film. Oui, je joue encore un héros romantique. Je ne suis pas encore sur le retour. Ha ! Bon, il faut vraiment que je retourne sur le plateau. On peut peut-être continuer tout à l'heure ?
Nelson :	Ok, pas de problème. Quel est votre numéro ?
Harry Gaunt :	*(à nouveau perplexe)* Nous sommes au XVIIIe siècle, Nelson. Il n'y a pas de téléphones.
Nelson :	Ah, ces Anglais et leur humour so British...!

ÉTAPE 3 Olympic dreams

Les rêves olympiques

Mission...

Un type marrant, ce Harry Gaunt ! Bon, maintenant, à vos marques, Nelson, car vous allez rencontrer une étoile montante du sport britannique, qui participe aux jeux Olympiques de 2012 à Londres.

Dialogue

Nelson: Here I am outside the magnificent London Olympic Stadium to talk to sprinter Matthew Johnson. But, unfortunately... he's not here. So, I'd better give him a call. Let me see now, Matthew… here we are: 07123 456678. It's ringing. Ah, hello? Is that Matthew? This is Nelson Monfort.

Matthew Johnson: Ah, Nelson, hi. So sorry I'm late. I'm stuck on the tube.

Nelson: Ah. The good old London underground! Never mind, perhaps I can ask you some questions now, and then we can catch up later?

Pour aller au Stade olympique de Londres, optez pour le Docklands Light Railway, un métro aérien moins bruyant que le Tube, idéal pour tenir des conversations sur votre portable !

Matthew Johnson: Sure. Oh, I've got the Olympic mascots you asked me for. I'll give them to you when I get there. Anyway, fire away.

Nelson: Oh, the toys. Thanks. Right, Matthew, how are you enjoying the Games so far?

Matthew Johnson: Well, I'm already through to the semi-final of the 200 metres and I'm hoping to get to the final of the 100. So far so good.

Nelson: So, you're ready. Even the stadium is ready!

Matthew Johnson: Ha, ha! Yes, but not the tube.

Nelson: Ha! You're from London, aren't you?

Matthew Johnson: Yes, I am. It's very special to compete in the Olympics in my home town – not everyone gets that chance.

Nelson: That's true. Right, I'll let you get on. Perhaps we can meet up later. You've got my number.

Matthew Johnson: Let's see: 07987 765432, is that right?

Nelson: That's it.

Matthew Johnson: Thanks, Nelson. Bye.

Nelson: Bye.

PRONUNCIATION

Lire un numéro de téléphone en anglais vous donne le tournis ? Pas de panique ! Voici deux-trois petites infos qui vous faciliteront la tâche :

- On énonce chaque chiffre séparément, donc 623456 se dit « six two three four five six ».
- Quand deux chiffres consécutifs sont les mêmes, on peut dire double (prononcez « dabeul ») au lieu de prononcer chaque chiffre, donc 344556 ça donne « three, double four, double five, six ».
- Le 0 se prononce généralement « oh », bien qu'on puisse aussi dire zero (prononcez « ziro »). Donc 020, l'indicatif de Londres, se prononce « oh two oh ».

Activité 1

À vous maintenant ! Pour commencer, cherchez dans le dialogue mon numéro de téléphone et celui de Matthew, et dites-les à voix haute. Il ne vous reste plus qu'à me donner les numéros suivants.

1) PAINTER & DECORATOR
P. J. Smith
Telephone:
0551 432632

2) TV & Video Repair Centre
- Plasma and LCD repairs
- Same day repair service
CALL: 09986 785123

3) **GOLF TUITION**
All levels and ages.
David Snow
Telephone:
07326 693709

En anglais britannique, un téléphone portable se dit mobile phone ou, tout simplement, mobile. Aux États-Unis, on dit plutôt cell phone, ou cell. Donc Give me your cell number ne veut pas dire qu'on pense vous rendre visite en prison (le mot cell veut aussi dire « cellule » en anglais), mais qu'on va vous donner un coup de fil !

Activité 2

Vous voulez bosser pour moi comme assistant ? Alors, écoutez-moi vous donner les numéros de quelques personnes que je vais interviewer cette semaine, et notez-les. Faites bien attention, je ne veux pas composer le numéro du fast-food du coin !

1) ………………………………….
2) ………………………………….
3) ………………………………….
4) ………………………………….

TRAINING TIP

Il faut toujours garder l'espoir ! Vous vous souvenez peut-être de mon interview avec Michael Johnson, juste après qu'il ait battu le record du monde du 200m aux jeux Olympiques d'Atlanta ? Il est parti en pleine interview (il devait avoir une envie qui ne pouvait pas attendre - une envie de courir bien sûr...), mais moi, je ne me suis pas laissé démonter ! Quand vous faites une faute, c'est la même chose : reprenez-vous, et continuez. Onwards and upwards, en avant !

DIALOGUE – traduction :

Nelson :	Me voilà devant le magnifique Stade olympique de Londres pour interviewer le sprinteur Matthew Johnson. Mais malheureusement... il n'est pas là. Donc, il vaudrait mieux que je lui donne un coup de fil. Alors, voyons, Matthew… ça y est : 07123 456678. Ça sonne. Ah, allô ? Matthew ? Nelson Monfort à l'appareil.
Matthew Johnson :	Ah, Nelson, bonjour. Je suis vraiment désolé d'être en retard. Je suis coincé dans le métro.
Nelson :	Ah, le bon vieux métro de Londres ! Peu importe, peut-être que je peux vous poser quelques questions maintenant, et puis on se retrouvera plus tard ?
Matthew Johnson :	Bien sûr. Oh, j'ai les mascottes olympiques que vous m'avez demandées. Je vous les donnerai quand j'arriverai. Enfin bref, allez-y.
Nelson :	Ah, les jouets, merci. Bon, Matthew, comment ça se passe, les Jeux, jusqu'ici ?
Matthew Johnson :	Eh bien, je suis déjà en demi-finale pour le 200 mètres, et j'espère atteindre la finale pour le 100 mètres. Jusqu'ici, ça va.
Nelson :	Donc, vous êtes prêt. Même le stade est prêt !
Matthew Johnson :	Ha ha ! Oui, mais le métro, non.
Nelson :	Ha ! Vous êtes de Londres, n'est-ce pas ?
Matthew Johnson :	Oui. C'est extraordinaire de participer aux jeux Olympiques dans ma ville natale – ce n'est pas donné à tout le monde.
Nelson :	C'est vrai. Bon, je vais vous laisser. On pourra peut-être se retrouver plus tard. Vous avez mon numéro.
Matthew Johnson :	Voyons : 07987 765432, c'est bien ça ?
Nelson :	Oui, c'est ça.
Matthew Johnson :	Merci, Nelson, et au revoir.
Nelson :	Au revoir.

À TABLE !

La cuisine britannique a longtemps souffert d'une réputation épouvantable, but do not despair, croyez-moi, il existe bel et bien toute une richesse culinaire à explorer là-bas ! Faisons un petit tour d'horizon...

SCOTLAND

Chasse au cerf, pêche au saumon… pour les amateurs de grand air, destination l'Écosse ! Vous pourrez y déguster une gastronomie du terroir, à moins que vous ne vous laissiez tenter par a deep fried Mars bar and a bottle of Irn Bru, c'est-à-dire un Mars® enrobé de pâte à frire puis frit, et une boisson gazeuse réputée être un excellent remède contre la gueule de bois...

WALES

Ici, rugby, chœurs (masculins) et viande d'agneau sont à l'honneur. Alors que dites-vous d'aller voir un match au Millennium Stadium, en chantant comme un rossignol, avant de célébrer la victoire des Bleus par un rôti d'agneau accompagné de pommes de terres rôties, légumes de saison et sauce à la menthe ? Yummy (en d'autres termes : miam-miam !) !

THE WEST COUNTRY

Prenons un cream tea : des scones avec de la clotted cream (une crème fraîche très épaisse) et de la confiture. Delicious! N'oubliez pas de lever légèrement votre petit doigt quand vous buvez du thé – ça fait très distingué ! Plus tard on pourrait aller manger dans un gastropub un bon repas arrosé de bière, le tout dans une ambiance décontractée.

BIRMINGHAM

Pourquoi ne pas essayer le chicken tikka masala ? C'est le plat favori des Britanniques ! Dans toutes les villes du pays, même les plus petites, les restaurants indiens sont légion. Pas étonnant : le curry est devenu un plat national, un peu comme le couscous dans les menus des bars français ! Birmingham en particulier est considéré comme le berceau du curry.

LONDON

Londres a produit plusieurs grands chefs et cuisiniers très médiatiques. Le succès de Jamie Oliver, connu comme the Naked Chef (le chef nu), repose en grande partie sur son style décontracté (quoiqu'il apparaisse habillé dans ses émissions). Gordon Ramsay, à la mauvaise humeur et aux écarts de langage légendaires, est aussi célèbre pour ses trois étoiles Michelin et son émission *Kitchen Nightmares* (« Cauchemar en cuisine » dans sa version française). Pour plus de volupté, vous préférerez peut-être le style de Nigella Lawson.

ÉTAPE 4

Hanging with the homeboys

En traînant avec les potes

Mission...

Vous êtes en voix, Nelson ? Aujourd'hui, pour varier les plaisirs, vous allez vous rendre dans un studio d'enregistrement vous rendre dans pour rencontrer un jeune groupe de rap britannique.

Dialogue

Nelson: Here I am in the recording studio with Rapacious, one of the biggest rap groups in Britain today. Hey Mr Rap, how's it going?

(Nelson s'apprête à donner une poignée de main.)

Mr Rap: Yo, Nelson, my man, solid, yeah.

(Mr Rap commence à donner à Nelson une poignée de main extrêmement compliquée, qui tourne très mal.)

Nelson: Er, well, um, right. Wow. These handshakes are really complicated, aren't they?

Mr Rap: Nah, man. It's easy. See, you shake hands, you slide, you grip. You dig?

Nelson: Dig? Um, hang on, sorry?

Mr Rap: You *understand*?

Nelson: Ah. Erm, uh-huh, I think so. Shake hands, slide, grip. Right. I mean, dig. Yeah.

Mr Rap: Cool.

Nelson: Right, well. You've just won a Brit Award, haven't you?

Mr Rap: Yeah, that's right. In fact, we won three. Do you want one of them? There's no room in my crib for any more awards.

Nelson: Er, in your crib? You've lost me.

Mr Rap: My crib, man, my *house*. It's full of awards.

Nelson: Ah, I see, well, thank you very much. So, you're recording your new album?

Mr Rap: Yeah, that's right. We're working with all kinds of people. Do you want to join the crew?

Nelson: Erm, me? You want me to sing?

Mr Rap: Nah, man, we want you to *rap*. Tell it like you feel it. Here's the mic.

Nelson: Oh. Um, well, erm. OK. So… *(Il rappe.)* "My name's Monfort, my game's *le sport*, I come from France and I can dance. Yo!" Ha! How's that?

Mr Rap: Erm, well, it's a start.

TRAINING TIP

Gare aux malentendus quand on se lance dans une autre langue ! Dans mon cas, ce sont des milliers de télespectateurs qui en sont témoins, comme la fois où j'ai mal compris Michael Chang que j'interviewais en direct de Roland Garros : il venait de remercier Jésus, et moi j'ai annoncé au monde entier « et maintenant, Michael témoigne sa reconnaissance envers un certain… « Luigi » que je ne connais pas » !

Activité 1

J'ai l'air un peu « lost », et pour cause : Mr Rap emploie plein de mots de « slang », d'argot. Et vous, vous avez bien suivi le dialogue ? Retrouvez-y les deux mots que je n'ai pas compris.

1) « comprendre » en *slang* : ………………..

2) « maison » en *slang* : ………………..

C'est fait ? Bon, mais ce n'est pas tout. Ces mots ont chacun un sens plus courant, et c'est pour ça que je suis embrouillé. Vous le connaissez ? Sinon, cherchez-le dans la traduction du dialogue.

3) ………………..

4) ………………..

LANGUAGE NOTE

Vous avez du mal à suivre le débit d'élocution des anglophones ? Si vous êtes malin, vous pouvez leur faire ralentir le pas.

- Voici quelques tics de langage à insérer dans la conversation pour vous donner le temps de réfléchir, l'équivalent de nos « tu sais », « euh », et autres « ben » :
  Er... – Um... – Well... – I mean... – You know... – like (on reproche souvent aux jeunes anglophones d'abuser de like pour boucher les trous dans leur conversation)
- Et pour demander à quelqu'un qu'il répète ce qu'il vient de dire :
  Hang on (a minute)... / Hold on (a minute)... Attendez...
  You've lost me. / I don't follow. Je ne vous suis plus.
  (I'm) sorry? / Pardon? Pardon ?

Activité 2

Vous trouvez peut-être que je parle trop vite : sans doute par excès d'enthousiasme ! Écoutez-moi vous poser très (trop) vite quelques questions : piochez dans les expressions ci-dessus pour m'obliger à ralentir la cadence ou répéter, et notez mes questions. Are you ready?

1) ....

2) ....

3) ....

LANGUAGE NOTE

Les Britanniques ont la réputation de ne jamais perdre leur célèbre flegme. Mais détrompez-vous, ils ne sont pas à l'aise avec les longs silences, donc si vous suivez ce qu'on vous dit en anglais, n'oubliez pas de le manifester à votre interlocuteur par un léger signe de la tête mais aussi avec l'une de ces expressions :

Right. / OK. D'accord. / Ok. Uh-huh. / Yeah. Ouais. I see. Je vois. / D'accord.

Activité 3

Maintenant, à vous ! Saurez-vous choisir dans chaque cas la bonne réplique ?

1) — Look, you need to click on this box, then tick the first option.
— Hang on. / Hang up.

2) — Right, you need to go down here, then turn left, then turn right. Right?
— I've lost you. / You've lost me.

3) — So, do you think you understand how it works?
— Huh-uh. / Uh-huh. I think so.

PRONUNCIATION

Sorry est un mot qu'on entend extrêmement souvent dans les pays anglophones, surtout en Grande-Bretagne. Je me souviendrai toujours cette fois où j'ai marché sur le pied d'un vieux monsieur dans le métro, et c'est lui qui m'a dit sorry! C'est dingue, non ? Sorry d'avoir mon pied qui se trouvait sur votre passage ?!

Dans tous les cas, ne confondez pas ce sorry! d'excuse avec le sorry? interrogateur. Pour poser la question sorry?, il faut que la voix monte, comme pour toutes les questions. Écoutez bien la différence entre sorry? et sorry! sur le CD.

Activité 4

Regardez ces photos : tous ces gens ont un problème, mais lequel ? Dans chaque cas, précisez s'il leur faut dire sorry? *ou* sorry!*. Puis écoutez le CD pour vérifier.*

1) 

…………………

2) 

…………………

3) 

…………………

4) 

…………………

DIALOGUE – *traduction* :

Nelson : Me voilà dans le studio d'enregistrement avec Rapacious, l'un des plus grands groupes de rap britanniques du moment. Salut Mr Rap, comment ça va ?

(Nelson s'apprête à donner une poignée de main.)

Mr Rap : Salut, Nelson, mon vieux, super, ouais.

(Mr Rap commence à donner à Nelson une poignée de main extrêmement compliquée, qui tourne très mal.)

Nelson : Euh, alors, euh, bon. Waouh. Ces poignées de main sont sacrément compliquées, hein ?

Mr Rap : Mais non, mon vieux. C'est facile. Regarde, on se serre la main, on la glisse, on la saisit. Tu piges ? *(en anglais, « you dig? »)*

Nelson : *(qui a mal compris le sens du mot « dig », qui veut aussi dire « creuser »)* « Dig » ? Euh, attends…, pardon ?

Mr Rap : Tu comprends ?

Nelson : Ah, euh, oui oui, je crois. On se serre la main, on la glisse, on la saisit. D'accord. Euh, je veux dire, pigé. Ouais.

Mr Rap : Cool.

Nelson : Bon, alors, vous venez de gagner un Brit Award, n'est-ce pas ?

Mr Rap : Ouais, c'est ça. En fait, on en a gagné trois. Tu en veux un ? Il n'y a plus de place dans mon baraque *(en anglais, « my crib »)* pour en caser d'autres.

Nelson : *(qui a mal compris le sens du mot « crib », qui veut aussi dire « berceau » en anglais)* Euh, dans ton berceau ? Je ne te suis plus.

Mr Rap : Mon baraque, vieux, ma maison, quoi. Elle est pleine de prix.

Nelson : Ah, je vois, eh bien merci beaucoup. Alors, vous êtes en train d'enregistrer votre nouvel album, n'est-ce pas ?

Mr Rap : Ouais, c'est ça. On travaille avec un tas de gens différents. Tu veux te joindre à l'équipe ?

Nelson : Euh, moi ? Tu veux que je chante ?

Mr Rap : Ben non, on veut que tu *rappes*. Dis-le comme tu le sens. Tiens, voilà le micro.

Nelson : Oh. Euh, alors, euh. Ok. Alors… *(Il rappe.)* « Je m'appelle Monfort, mon boulot c'est le sport, je suis français et je sais danser. Yo ! » Ha ! C'est bien ?

Mr Rap : Euh, ben, c'est un début.

ÉTAPE 5

Adventures in Scotland

Expériences écossaises

Mission...

Revêtez votre kilt et faites-vous beau, Nelson ! Aujourd'hui, vous allez en Écosse faire un parcours de golf avec Minna Bunker, dont vous serez le partenaire dans un tournoi Pro-Am sur le célèbre terrain de golf de St Andrews.

Dialogue

Nelson:	Here I am at the 18th green with Minna Bunker. And what a great round we've had! It's been a fantastic day, Minna. I nearly won!
Minna Bunker:	Better luck next time! This is a brilliant course. I love playing here. Now, for the 19th hole!
Nelson:	The 19th hole? But I thought this was the last hole?
Minna Bunker:	Ha ha. It's what we call the bar. The 19th hole.

(Ils entrent dans le bar.)

Minna Bunker: You need to sample some good Scottish hospitality!

Nelson: Oh, yes. Some whisky! I love whisky.

Minna Bunker: And maybe a good Scottish meal?

Nelson: A good Scottish meal? It exists? But I thought Scottish food was terrible?

Minna Bunker: You can't go home without trying the haggis, Nelson.

Nelson: *(angoissé)* Really? I can't?

Minna Bunker: No.

Nelson: Oh well.

(Plus tard, dans le bar)

Nelson: Here we go. *(Il goûte le haggis, panse de brebis farcie.)* But... it's wonderful! Spicy! Delicious! I love it!

Minna Bunker: Well, that's good, because I've bought you some more to take home with you. And a new sporran for your kilt.

Nelson: Thank you Minna, that's very kind. I love the haggis. The sporran... I'm lost for words.

Minna Bunker: You don't like it?

Nelson: Er, no, I love it. It's lovely. Thank you.

Minna Bunker: You're welcome.

Le « sporran », bourse traditionnelle en cuir portée sur le devant du kilt, est un élément clé sachant que les kilts n'ont pas de poches et qu'il n'y a paraît-il au autre endroit sous le kilt, ouvert à tous les vents, où garder ses affaires...

LANGUAGE NOTE

Si on vous propose un haggis en Écosse ou des patates douces recouvertes de marshmallows aux États-Unis, que direz-vous ?

Si vous aimez...

I like...	J'aime (bien)...
I (really) enjoy...	J'apprécie (vraiment)...
I'm fond of...	J'aime beaucoup...
I adore... / I love...	J'adore...
It's brilliant / fantastic / great.	C'est super / génial / géant.

Si vous n'appréciez que moyennement...

I can take it or leave it.	Ça ne me fait ni chaud ni froid.
It's OK.	C'est pas mal.
It's so-so.	C'est moyen. / C'est pas fameux.

Si vous n'aimez pas...

I don't like...	Je n'aime pas...
I don't really like...	Je n'aime pas tellement ...
I'm not keen on... / I'm not fond of...	Je n'aime pas beaucoup...
I hate... / I loathe...	Je déteste...
I really don't like...	Je n'aime vraiment pas / pas du tout...

LANGUAGE NOTE

I can't stand… / I can't bear…	Je ne supporte pas…
It's awful / dreadful / horrible / terrible.	C'est affreux / horrible.
It's pants.	C'est nul / nase.

Pants est sans doute l'expression de rejet le plus prisée par les jeunes aujourd'hui, mais de votre côté utilisez ce mot d'argot avec précaution ! Sachez que le mot pants désigne en fait un slip, donc it's pants signifie mot à mot « c'est slip », autrement dit « c'est nase » !

Activité 1

Bon, on commence à se connaître tous les deux ? Mais vous ne m'avez pas encore dit grand-chose de ce que vous aimez et n'aimez pas. Voici quelques sujets. À vos stylos !

1) Le golf : ……………………………………………………………………

2) Parler en anglais : ………………………………………………………………

3) Le rosbif : ……………………………………………………………………

4) Les films d'horreur : …………………………………………………………

La gastronomie britannique a longtemps eu mauvaise presse, pourtant, croyez-moi, les grandes villes regorgent de restaurants fantastiques. Essayez aussi les farmers' markets (marchés de producteurs) pour des produits frais et spécialités régionales. Mais oui, bien sûr qu'il est possible de manger comme un roi chez les rosbifs !

Activité 2

Êtes-vous prêt à goûter quelques plats typiquement britanniques ? Mais d'abord, savez-vous les identifier ? Reliez chaque photo au nom correspondant.

1) 

2) 

3) 

4) 

fish and chips — **Christmas pudding** — **curry** — **baked beans**

Et maintenant, dites-moi si vous aimez ou non ce que je vous propose sur le CD.

PRONUNCIATION

Really est un petit mot très utile, mais aussi un peu retors car il change de sens en fonction de sa place dans la phrase. En effet, I don't really like it veut dire « Je n'aime pas trop ça », tandis que I really don't like it équivaut à « Je n'aime pas du tout ça ». L'intonation est ici primordiale : écoutez-moi dire ces deux phrases sur le CD. Est-ce que vous remarquez que dans I really don't like it, je mets l'accent sur really, pour souligner combien je n'aime pas ?

Activité 3

Je vous propose de faire du tourisme et d'aller assister à des événements sportifs avec moi. Écoutez-moi et déclinez l'invitation en précisant à chaque fois « I don't really like… » ou « I really don't like... ». C'est parti !

Activité 4

Et pour finir, je vous ai préparé un parcours de minigolf… sur le papier. Il vous suffit de mettre le bon mot dans chaque trou.

1) I'm not ………… . on curry.
2) I can't ………… . fish.
3) I don't ………… . like chocolate.
4) Classical music? I can ………… . it or ………… . it.

TRAINING TIP

Je mets toujours de l'enthousiasme dans mes reportages et interviews de sportifs, et je crois que c'est toujours un bon point ! À partir du moment où on fait des compliments sur le pays, les gens, etc, on peut faire plein de fautes, elles seront vite pardonnées. Comme on dit en anglais, « flattery will get you everywhere », autrement dit : vous obtiendrez tout par la flatterie.

DIALOGUE – traduction :

Nelson :	Me voici sur le 18e green avec Minna Bunker. Et quel parcours superbe nous avons fait ! Ça a été une journée formidable, Minna. J'ai failli gagner !
Minna Bunker :	Vous aurez plus de chance la prochaine fois ! C'est un terrain de golf merveilleux. J'adore jouer ici. Allez maintenant, au 19e trou !
Nelson :	Le 19e trou ? Mais, je croyais que celui-ci était le dernier ?
Minna Bunker :	Ha ha. C'est comme ça qu'on appelle le bar, « le 19e trou ».
(Ils entrent dans le bar.)	
Minna Bunker :	Il vous faut goûter un peu de la célèbre hospitalité écossaise !
Nelson :	Oh oui. Du whisky ! J'adore le whisky.
Minna Bunker :	Et peut-être un bon repas écossais ?
Nelson :	Un bon repas écossais ? Ça existe ? Mais je croyais que la nourriture écossaise était très mauvaise ?
Minna Bunker :	Vous ne pouvez pas retourner chez vous sans avoir goûté le haggis, Nelson.
Nelson :	*(angoissé)* Vraiment ? Je ne peux vraiment pas ?
Minna Bunker :	Non.
Nelson :	Bon, ben...
(Plus tard, dans le bar)	
Nelson :	Allons-y. *(Il goûte le haggis, panse de brebis farcie.)* Mais… c'est exquis ! Épicé ! Délicieux ! J'adore !
Minna Bunker :	Ah, ben tant mieux, parce que je vous en ai acheté pour remporter chez vous. Et une nouvelle bourse en peau, à porter avec votre kilt.
Nelson :	Merci, Minna, c'est vraiment gentil. J'adore le haggis. La bourse... je ne sais pas quoi dire.
Minna Bunker :	Vous n'aimez pas ?
Nelson :	Euh, si, j'adore. C'est très joli. Merci.
Minna Bunker :	Je vous en prie.

ÉTAPE 6

Break a leg, Nelson!

J'te dis m…, Nelson !

Mission…

Nelson, après cette petite escapade en Écosse, revenons en Angleterre pour faire une incursion dans le monde typiquement britannique de la pantomime. Vous allez rencontrer à cette occasion la comédienne britannique Melissa Manager… habillée en homme !

Dialogue

Nelson: Here I am in London's West End to meet Melissa Manager, who is starring in the pantomime *Peter Pan*. Melissa, hi. Tell me, why are you dressed as a man?

Melissa Manager: Hi Nelson. Well, in pantomime, the main male character is always played by a woman, and the main female character, the dame, is always played by a man.

Nelson: OK. Well, your costume looks great anyway!

Melissa Manager: Thank you. Sometimes I'd prefer to wear a lovely dress on stage, but then I'd rather be Peter Pan as he always gets to fly.

Nelson: Ah, OK. Now, lots of the actors here are not theatre actors all year, are they?

Melissa Manager: That's right. There are soap stars, pop singers, celebrities.

Nelson: Now what's this you've given me?

Melissa Manager: This is the dame's wig. Our dame is off sick today, and I wondered if you'd like to stand in for her? You can keep the wig as a souvenir! How's your singing?

Nelson: My singing? Oh dear. Maybe I can rap?

Melissa Manager: In pantomime, Nelson, anything goes! Break a leg!

Je ne sais pas ce que vous en pensez mais à mon avis, les Anglais méritent leur réputation d'excentriques, et pour cause : chaque Noël, presque tous les théâtres britanniques montent un spectacle de pantomime ou panto, une comédie bouffonne pour toute la famille, tirée d'un conte de fées ou d'une histoire bien archi-connue. Outre les costumes fantaisistes, il y a aussi des chansons, des plaisanteries pour initiés, et puis les comédiens font appel à la participation du public. C'est fou, mais c'est fun ! Dépaysement assuré !

LANGUAGE NOTE

Que préférez-vous : aller à un spectacle de pantomime, ou voir du Shakespeare ? À vous de décider ! Voici quelques phrases qui vous seront bien utiles pour me répondre :

Si vous avez une préférence

I'd prefer to… / I'd rather…	Je préférerais… / J'aimerais mieux…
If it were up to me, I'd…	Si c'était à moi de décider, je préférerais…
I'd prefer not to… / I'd rather not…	Je préférerais/J'aimerais mieux ne pas…

Si ça vous est égal

I don't mind. / It's all the same to me.	Ça m'est égal. / Ça m'est complètement égal.
I don't care.	Je m'en fiche.

Activité 1

Oh ! les phrases ci-dessous ont perdu leur fin ! Pouvez-vous les retrouver ? À la pantomime, quand un personnage a perdu quelque chose, le public doit crier à tue-tête « It's behind you! » (C'est dans votre dos !). Allons, tous en chœur…

1) I'd rather not… •	• … I'd love to go to the panto!
2) I'd prefer… •	• … go to the cinema, if you don't mind.
3) If it were up to me, … •	• … to eat Chinese food to Italian tonight.

Activité 2

Abracadabra ! Imaginez que vous passez quelques jours en Angleterre. Qu'est-ce que vous préféreriez faire ? Faites votre choix, en utilisant les phrases proposées plus haut.

1)

Go to the theatre, or take a trip on the London Eye?

…………….. ………………………

…………….. ………………………

2)

Visit the Tower of London, or visit Stonehenge?

…………….. ………………………

…………….. ………………………

TRAINING TIP

Je vais vous confier un petit « truc » du monde du théâtre : bien sûr, il faut répéter pour se perfectionner, mais les sketches improvisés sont parfois les spectacles les plus drôles ! Comme on dit en anglais, « feel the fear and do it anyway! », autrement dit, « tremblez mais osez ». Parler une langue étrangère c'est un peu comme jouer un rôle : comme disait l'incontournable Shakespeare, « all the world's a stage », « le monde entier est un théâtre » !

DIALOGUE – traduction :

Nelson :	Me voici dans le West End de Londres pour rencontrer Melissa Manager, vedette du spectacle de pantomime *Peter Pan*. Bonjour, Melissa. Dites-moi, pourquoi êtes-vous habillée en homme ?
Melissa Manager :	Bonjour Nelson. Eh bien, dans la pantomime, le rôle principal masculin est toujours joué par une femme, et le rôle principal féminin, la « Dame », est toujours joué par un homme.
Nelson :	OK. En tout cas, votre costume est superbe, Melissa !
Melissa Manager :	Merci. Il y a des fois où je préférerais porter une jolie robe sur scène, mais en fait j'aime mieux être Peter Pan parce qu'il est toujours appelé à voler.
Nelson :	Ah, d'accord. Alors, beaucoup de comédiens ici ne sont pas des acteurs de théâtre toute l'année, n'est-ce pas ?
Melissa Manager :	Oui, c'est exact. Il y a des vedettes de séries télé, des chanteurs de pop, des célébrités.
Nelson :	Voyons, c'est quoi ce que vous m'avez donné ?
Melissa Manager :	C'est la perruque de la « Dame ». Notre « Dame » est malade aujourd'hui, et je me demandais si vous aimeriez la remplacer ? Vous pouvez garder la perruque en souvenir ! Vous savez chanter ?
Nelson :	Moi, chanter ? Oh là là ! Peut-être que je pourrais rapper ?
Melissa Manager :	À la pantomime, Nelson, tout est permis ! Merde ! *(en d'autres termes, « Bonne chance ! », et en anglais, mot à mot : « cassez une jambe ! »)*

SONGS MADE IN BRITAIN

1. INDIE POP

Lily Allen – « Smile »

C'est l'une des images fortes de la première décennie de ce millénaire. Une musique pop simple mais lyriquement intelligente. Pour les teenagers d'aujourd'hui, c'est la musique du jour par excellence.

2. BRITPOP

Oasis – « Don't Look Back in Anger »

Dans les années 90, la rivalité entre Blur et Oasis a maintenu les fans au bord de la guerre civile. Franges, pantalons à pattes d'éléphant et mélodies inoubliables... happy days!

3. INDIE ROCK

The Smiths – « How Soon is Now »

Les cheveux coupés à la mode, les vêtements gris et des perspectives d'avenir non moins grises, un son de guitare unique et (pourquoi pas ?) une jonquille dans la poche : ceux qui étaient étudiants dans les années 80 se souviendront de cette image avec nostalgie.

4. SKA / TWO-TONE

The Specials – « Ghost Town »

Vers la fin du mouvement ska (complets étroits, cheveux courts, influences du reggae), les Specials ont capté l'humeur grise d'une nation en proie à de sérieux troubles raciaux.

5. HEAVY METAL

Motorhead – « Ace of Spades »

Le rock le plus authentique des années 80 et des années qui suivirent. Il fallait porter les cheveux longs, coudre des badges à sa veste et ne pas lésiner sur les décibels.

6. PUNK

The Sex Pistols – « God Save the Queen »

Sauver ou détester la reine ? En 1977, les punks britanniques ont jugé bon de la détester. Sont à l'honneur les cheveux hérissés, les vêtements déchirés, les épingles de sûreté et une attitude anarchique.

7. GLAM ROCK

The Bay City Rollers – « Bye Bye Baby »

Ce qu'on voulait faire avec le glam rock, c'était associer le rock'n'roll avec une prodigalité vestimentaire et une ambiguité sexuelle. La couleur, le maquillage et les pantalons à pattes d'éléphant étaient de rigueur.

8. MOD

The Who – « My Generation »

Pendant les deux décennies de l'après-guerre, un bon emploi et de l'argent ont permis aux jeunes Britanniques de s'acheter des complets et des scooters. L'image mod vient de tout ça, associée à l'influence des sons jamaïquains.

9. BEATLEMANIA

The Beatles – « Love Me Do »

Les « fab four » ont changé définitivement la face de la musique pop. Leur sympathie et, surtout, la simplicité de leurs premiers thèmes ont assuré popularité dans le monde entier.

10. ROCK 'N' ROLL

Cliff Richard – « Rave On »

Après le succès d'Elvis Presley aux États-Unis, voici venue la version britannique, avec une image soignée et une musique qui révolutionne le hit-parade outre-Manche.

ÉTAPE 7

A terrible twosome

Un sacré tandem

Mission...

Nelson, si vous avez survécu aux hommes habillés en femme et aux femmes habillées en homme, voici venu le moment d'interviewer des jumelles, Holly et Maisie. À elles deux, elles sont « Haisie », groupe de pop britannique qui cherche à percer sur le marché européen.

Dialogue

Nelson: Today I'm with pop sensations Haisie. Now, which of you is Holly?

Holly: I'm Holly. Hi Nelson.

Nelson: Hi Holly, hi Maisie. So, you've had some big hits in Britain, and now you're hoping to break into Europe, is that right?

Holly: That's right, definitely. We'll start with Europe, but we're ambitious, so we want to take our music all over the world.

Maisie: No we don't. That's rubbish, Holly. You hate flying.
Holly: How do you know? I've never been in a plane.
Nelson: Hang on ladies, be nice! Maisie, you're going to France next week, aren't you? Have you ever been to Paris?
Maisie: Yes, but only once. I'm really looking forward to it. Do you think we'll like it?
Nelson: Paris? The city of light? The city of food? The city of fashion? Absolutely! What's not to like?
Holly: Hang on a minute, Maisie. What are you on about? When did you go to Paris?
Maisie: You weren't there, Holly.
Holly: Oh come on! You're talking nonsense!
Maisie: I am not.
Holly: Yes you are.
Nelson: Ladies, ladies, please! Let's not argue! It's only 9.30 in the morning!
Maisie: Do you know what? I've had enough of her and her rubbish. Here's a scoop for you, Nelson. I quit! And you can keep your lousy ring too! *(elle jette sa bague à la figure de Holly)*
Holly: Well, I'm with you on that, sister. Good riddance! And I don't want your stupid ring. Nelson, you keep it.
Nelson: Er, well, viewers, you heard it here first. Haisie are now, well, just Holly and Maisie.

Difficile de croire que l'âge d'or du punk remonte à plus de 30 ans déjà. En tout cas, les adolescents sont toujours en révolte, semble-t-il !

LANGUAGE NOTE

Oh là là ! Ces jumelles étaient un véritable cauchemar ! Elles ne vont peut-être pas révolutionner le monde de la musique, mais elles ont quand même quelque chose à nous apprendre sur la langue : leurs interventions sont truffées d'expressions de désaccord. Alors, si vous êtes d'accord, regardons d'abord ces quelques phrases.

Pour dire que vous êtes d'accord

That's right.	C'est exact.
Definitely. / Absolutely.	Absolument.
I'm with you on that.	Je vous suis là-dessus.
You're (quite/absolutely) right.	Vous avez (bien/tout à fait) raison.
I couldn't agree more.	Je suis entièrement d'accord.

Pour dire que vous n'êtes pas d'accord

Come on! / Come off it!	Mais qu'est-ce que tu racontes !
Hang on (a minute)!	Attends !
That's nonsense/rubbish!	N'importe quoi !
What a load of nonsense/rubbish!	N'importe quoi !
Don't be ridiculous!	Tu plaisantes !

Activité 1

Imaginez un instant la vie chez Holly et Maisie. Maisie se trouve en désaccord avec sa sœur un peu sur tout. Saurez-vous relier chaque phrase à la réponse qui lui correspond ?

1) You never do the washing-up! •	• Yes I have!
2) You've never been to Paris! •	• No I'm not!
3) You aren't telling the truth! •	• Yes I do!
4) You're always complaining! •	• Yes I am!

Activité 2

Et vous, vous êtes plutôt du genre conciliant ? Comme vous pouvez l'imaginer, je suis souvent appelé à voyager à l'étranger mais la géographie n'étant pas mon fort, je voudrais que vous écoutiez mes suppositions et me disiez si vous êtes d'accord ou non avec moi.

1)

....
....

2)

....
....

3)

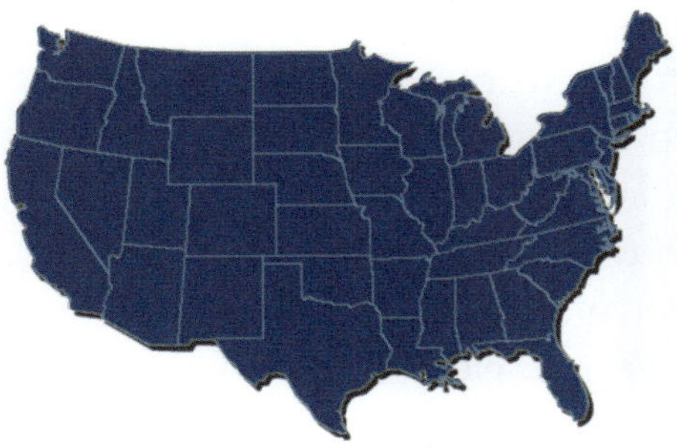

....
....

4)

....
....

TRAINING TIP

Holly et Maisie se préparaient à faire une tournée mondiale, et voilà que le groupe se sépare ! Mais leur histoire ne s'arrête sans doute pas là. C'est comme les grands athlètes : je crois que c'est parce qu'ils ont une telle confiance en eux qu'ils éprouvent une telle déception quand ils ne réussissent pas. Vous vous souvenez peut-être de la pauvre Laure Manaudou après sa défaite aux JO de Pékin ? Et vous, quand vous parlez in English, ayez confiance en vous-même ! Exprimez vos opinions ! « A penny for your thoughts » (autrement dit, « à quoi pensez-vous ? »).

Activité 3

Vous le savez sans doute, j'adore discuter. Alors, discutons un peu ? Je vais avancer quelques opinions (quitte à me faire l'avocat du diable). Répondez-moi en argumentant.

1) Jazz music is terrible. ……………………………………………
……………………………………………

2) I'm sure that UFOs *(les ovnis)* exist. ……………………………………………
……………………………………………

3) I think English is really easy. ……………………………………………
……………………………………………

4) The retirement age should go up to 70. ……………………………………………
……………………………………………

LANGUAGE NOTE

Je me demande si les jeunes Holly et Maisie étaient d'aussi mauvaise humeur parce que l'interview était programmée si tôt le matin. Après tout, les chanteurs de pop et les adolescents ne sont pas réputés être des lève-tôt !

Pour dire l'heure en anglais, il y a deux-trois choses à savoir :

1h00, 2h00 *etc.*	se dit one/two o'clock *etc.*
1h15, 2h15 *etc.*	se dit quarter past one/two *etc.*
1h30, 2h30 *etc.*	se dit half past one/two *etc.* ou half one/two
1h45, 2h45 *etc.*	se dit quarter to two/three *etc.*
1h20, 2h20 *etc.*	se dit twenty past one/two *etc.*
1h40, 2h40 *etc.*	se dit twenty to two/three *etc.*
12h00	se dit midday ou twelve o'clock
0h00	se dit midnight ou twelve o'clock

Pour les malins

Si vous vous emmêlez les pinceaux entre quarter past et quarter to, n'oubliez pas qu'on peut aussi dire it's one (1h00), it's one twenty (1h20), it's one thirty (1h30) it's one forty-five (1h45). C'est nettement plus facile, non ?

Activité 4

Dans la tourmente de mon interview avec les jumelles, j'ai égaré mes lunettes ! Pouvez-vous me dire quelle heure indique chacun des réveils ci-dessous ?

1) 09:45 ………………
2) 13:30 ………………
3) 17:50 ………………
4) 00:00 ………………

Le saviez-vous ? Tous les Britanniques savent lire l'heure sur un cadran de 24 heures, mais ne disent jamais *thirteen hours* ou *seventeen hours thirty*. C'est toujours l'horloge de 12 heures qui est utilisée.

Les Américains se démarquent encore plus du système européen que les Britanniques. Le cadran de 24 heures est moins connu, et on emploie souvent after à la place de past (donc 02h10 ou 14h10 se dit ten after two) et 'til or of à la place de to (donc 01h50 ou 13h50 se dit ten 'til two ou ten of two).

Activité 5

OK, maintenant mettez votre chapeau de cow-boy, on va devenir Américains ! Prenez votre meilleur accent new-yorkais et dites-moi quelle heure il est à « the Big Apple ».

1) 10h20 ……………………………………………………………………
2) 15h40 ……………………………………………………………………
3) 22h25 ……………………………………………………………………
4) 00h10 ……………………………………………………………………

PRONUNCIATION

Je vais vous confier un secret. Personnellement, je crois que le groupe Haisie n'aurait jamais eu de succès en France. Pourquoi donc ? Eh bien parce que le nom de Haisie est difficile à prononcer pour les francophones, qui ont souvent du mal avec le « h » anglais, un « h » aspiré à ne pas prononcer la bouche pleine ! Mais, croyez-moi, la règle est plus simple en anglais qu'en français : s'il y a un « h » au début d'un mot, il faut le prononcer, quoi qu'il arrive ! As simple as that! Inévitablement, il existe quelques exceptions, comme hour, justement, dont le « h » ne se prononce pas.

Activité 6

Vous êtes toujours à l'écoute ? Alors, have you heard what I have said? *Écoutez le CD et pour chaque cas entourez le mot que vous entendez.*

1) high – eye
2) hand – and
3) hat – at
4) hungry – angry

Et maintenant, écoutez bien : vous allez retrouver le mot qui était le bon dans une phrase. Vous aviez bien répondu ? Essayez de répéter ces phrases pour vous entraîner.

Bien sûr, il y a toujours des exceptions. Si vous vous trouvez à Londres, par exemple, vous entendrez peut-être des gens qui ne prononcent pas le « h » en début de mot, c'est l'une des particularités de l'accent cockney !

DIALOGUE – traduction :

Nelson :	Me voici aujourd'hui avec Haisie, la sensation du moment. Alors, laquelle de vous deux est Holly ?
Holly :	C'est moi Holly. Bonjour Nelson.
Nelson :	Bonjour Holly, bonjour Maisie. Donc, vous avez eu plusieurs tubes en Grande-Bretagne, et maintenant vous cherchez à percer sur le marché européen, c'est bien ça ?
Holly :	Oui, c'est exact, absolument ! On va commencer par l'Europe, mais on est ambitieuses et on veut porter notre musique dans le monde entier.
Maisie :	Mais non ! Tu dis n'importe quoi, Holly ! Tu as horreur de prendre l'avion.
Holly :	Et qu'est-ce que tu en sais ? Je n'ai jamais pris l'avion.
Nelson :	Attendez, mesdames, soyez gentilles ! Maisie, vous allez en France la semaine prochaine, n'est-ce pas ? Vous avez déjà été à Paris ?
Maisie :	Oui, mais une seule fois. Je m'en fais déjà une fête. Vous pensez que ça va nous plaire ?
Nelson :	Paris ? La ville-lumière ? La ville de la bonne chère ? La ville de la mode ? Et comment ! Qu'est-ce qu'on peut ne pas y aimer ?
Holly :	Attends, Maisie. Qu'est-ce que tu racontes ? Quand est-ce que tu as été à Paris ?
Maisie :	Tu n'y étais pas, Holly.
Holly :	Mais enfin, qu'est-ce que tu racontes ! Tu dis n'importe quoi !
Maisie :	Ben non !
Holly :	Ben si !
Nelson :	Mesdames, mesdames, s'il vous plaît ! Ne nous disputons pas ! Il n'est que 9h30 du matin !
Maisie :	Vous savez quoi ? J'en ai marre d'elle et de ses bêtises. Voici votre scoop, Nelson. J'arrête tout ! Et en plus tu peux garder ta fichue bague ! *(elle jette sa bague à la figure de Holly)*
Holly :	OK, moi je suis d'accord, ma sœur. Bon débarras ! Et je ne veux pas de ta maudite bague ! Nelson, vous pouvez la garder.
Nelson :	Euh, ben, chers téléspectateurs, vous l'avez entendu ici les premiers. Haisie, sont maintenant, eh bien, Holly et Maisie, tout simplement.

ÉTAPE 8

Get your skates on, Nelson!

Grouille-toi, Nelson !

Mission…

Après les terribles jumelles du groupe Haisie, Nelson, vous avez peut-être besoin de vous détendre un peu ? Comme c'est votre jour de congé, nous vous proposons une sortie à une patinoire découverte de Londres. Et, cette fois, « don't break a leg » !

Dialogue

Nelson: *(Seul, sur la glace, il patine en chantant.)* Twinkle twinkle, little star, how I wonder what you aaarrrghhhh ! *(Il tombe.)*

Une voix: Oh dear! Mr Monfort ruins his chances of getting into the French skating team!

Nelson: What? I recognise that voice! *(Il regarde autour de lui.)* Ah! Philippe

Candeloro! What on earth are you doing here? *Mais qu'est-ce que tu fais là ?*

Philippe Candeloro: I'm visiting my friend Robin. He doesn't speak any French, so let's be kind to him. Robin, this is Nelson.

Robin Cushions: Pleased to meet you, Nelson.

Nelson: And you Robin. Philippe, I didn't know you could speak English.

Philippe Candeloro: But of course. You taught me everything I know! It's a shame I didn't teach you to skate though.

Nelson: Indeed.

Philippe Candeloro: Nice skates though.

Nelson: Do you like them? I bought them as a souvenir of my trip. Listen, where are you staying? Perhaps we can meet up for dinner later?

Philippe Candeloro: I'm at the Savoy. Robin, can you give Nelson directions from here?

Robin Cushions : Sure, it's quite nearby. You come out of the rink and turn left. Then you walk along the Strand. Go straight on at the crossroads, and the hotel is on your left. You can't miss it!

Nelson: Great! Dinner at eight then?

Philippe Candeloro: That'll be great.

Les patinoires découvertes sont devenues très en vogue à Londres pendant les mois d'hiver. Mais attention : autant éviter de passer les fêtes dans le plâtre !

LANGUAGE NOTE

Philippe a raison, je ne suis pas à l'aise sur la glace. Autant remettre mes chaussures et trouver le chemin du Savoy. Voici de quoi s'orienter :

Pour demander son chemin

Can you tell me how to get to...?	Pouvez-vous m'indiquer le chemin pour
Can you tell me the way to...?	aller à... ?

Pour indiquer le chemin

Go left/right.	Allez à gauche/droite.
Turn left/right. / Take a left/right.	Tournez à gauche/droite.
It's on the left/right.	C'est à gauche/droite.
Take the first/second left/right.	Prenez la 1re/2e à gauche/droite.
Go straight on/ahead.	Allez tout droit.

Activité 1

En attendant l'heure du dîner, je suis bien tenté par une petite promenade dans Londres. Malheureusement je déteste lire un plan. Voulez-vous jouer les copilotes ?

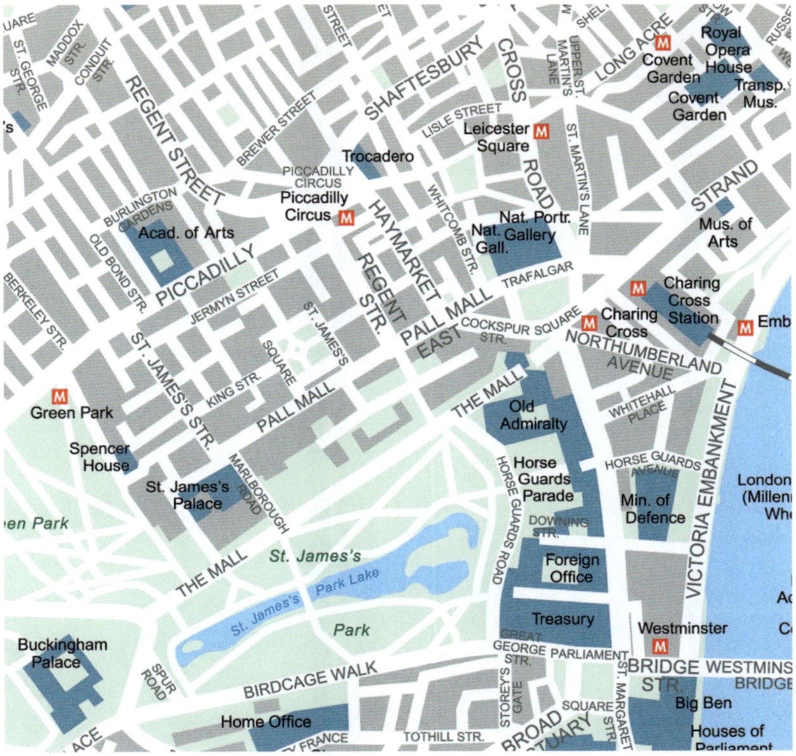

1) Pour aller de Piccadilly à Leicester Square : ……………………………………………………

……

2) Pour aller de Leicester Square à Trafalgar Square : ……………………………………………

……

3) Pour aller de Trafalgar Square à Covent Garden : ………………………………………………

………

Activité 2

Et maintenant, on va faire un petit jeu tous les deux : écoutez-moi vous indiquer le chemin par téléphone et suivez mes instructions sur le plan. Si tout se passe bien, on devrait se retrouver… où ? À vous de me le dire !

1) Le point de départ est la station de métro de Covent Garden. On arrive à : ………………

2) On arrive à : ……………………

3) On arrive à : ……………………

LANGUAGE NOTE

Pour trouver votre chemin, vous ne pourrez pas échapper aux prépositions, ces petits mots si utiles. En effet, il vous faudra savoir si l'endroit que vous cherchez est opposite la gare ou behind la gare. Sinon, vous aurez tôt fait d'être complètement égaré ! Pour ceux d'entre vous qui ont de vagues souvenirs, voilà de quoi vous rafraîchir la mémoire :

behind	derrière
in front of	devant
near	près de
next to	à côté de
on/to the left/right	à gauche/droite
opposite	en face de
Go straight on/ahead.	Allez tout droit.

Activité 3

Pour vous habituez à vous situer dans l'espace, dites où se trouve l'enfant par rapport à l'adulte dans chacune de ces photos.

1) 

2) 

3) 

1) The child is walking .... her mother.
2) The girl is standing .... her father.
3) The girl is standing .... her mother.

Quand on se promène dans les villes de Grande-Bretagne ou des États-Unis, les appellations peuvent varier d'un pays à l'autre. Par exemple, on marche sur le pavement en Grande-Bretagne, mais sur le sidewalk aux États-Unis. Pour traverser la rue, cherchez un zebra crossing ou pelican crossing en Grande-Bretagne, mais un crosswalk aux États-Unis. Enfin, si vous êtes vraiment à plat, vous pouvez toujours prendre the underground ou the tube à Londres, mais the subway à New York. En anglais britannique, un subway désigne un passage souterrain (underpass en anglais americain…). Vous me suivez toujours ?

Activité 4

Je suis tombé sur un touriste américain qui avait du mal avec certaines variantes britanniques. Pouvez-vous l'aider à compléter ce tableau (la dernière colonne, c'est pour vous !) ?

anglais américain	**anglais britannique**	**français**
…………………	zebra crossing	…………………
subway	…………………	…………………
…………………	pelican crossing	…………………
sidewalk	…………………	…………………
underpass	…………………	…………………

LANGUAGE NOTE

Après toutes ces déambulations dans Londres, j'ai failli en oublier mon dîner avec Philippe et Robin au Savoy… mais grâce aux indications de Robin, j'ai vite fait de le trouver, et ma foi, c'est splendide ! Si France Télévisions me proposait d'y loger pour une nuit de luxe et volupté, ça ne serait pas de refus ! Enfin, quel que soit le nombre d'étoiles de l'hôtel, voici quelques phrases bien utiles pour réserver une chambre :

I'd like a single room.	Je voudrais une chambre pour 1 personne.
I'd like a double room.	Je voudrais une chambre double.
I'd like a twin room.	Je voudrais une chambre avec 2 lits.
Do you have a room with a sea view?	Avez-vous une chambre avec vue sur la mer ?
Are all the rooms en suite?	Toutes les chambres ont-elles une salle de bains ?

Activité 5

Allez, rêvons un peu… Vous avez gagné au Loto, et vous voici à la réception de l'hôtel 5 étoiles que vous avez choisi pour célébrer ça. Alors un dernier effort avant de mériter ce séjour de luxe : complétez cet échange que vous avez eu avec la réceptionniste de l'hôtel.

Réceptionniste : Hello Sir/Madam. Can I help you?
Vous : ……………………………………………?
Réceptionniste : A double room? Certainly. For how many nights?
Vous : …………………………………………….
Réceptionniste : Yes, we have a double room for 3 nights.
Vous : ……………………………………………?
Réceptionniste : Oh yes. All our rooms are en suite.
Vous : ……………………………………………?
Réceptionniste : Check out is at 10a.m.
Vous : …………………………………………….
Réceptionniste : Not at all. Here's your key. I'll get someone to take your bags.

TRAINING TIP

L'apprentissage d'une langue, c'est un peu comme le patinage artistique – c'est plus stimulant avec un partenaire. Vous pouvez suivre un cours, ou organiser un « language exchange » – une petite annonce sur le panneau d'affichage dans une université et vous aurez vite fait de trouver un étudiant anglophone avide d'apprendre le français, et avec lequel vous pratiquerez aussi votre anglais. And remember, comme on dit en anglais, « it takes two to tango » (littéralement, « il faut être deux pour danser le tango »). Pour ma part, je ne tiens pas particulièrement à danser le tango avec Philippe, au risque d'une nouvelle chute !

DIALOGUE – traduction :

Nelson :	*(Seul, sur la glace, il patine en chantant.)* Twinkle twinkle, little star, how I wonder what you aaarrrghhhh ! *(Il tombe.)*
Une voix :	Oh là là ! M. Monfort perd ses chances d'entrer dans l'équipe française de patinage !
Nelson :	Qu'est-ce que c'est ? Mais je connais cette voix ! *(Il regarde autour de lui.)* Ah ! Philippe Candeloro ! Mais qu'est-ce que tu fabriques ici ?
Philippe Candeloro :	Je suis venu voir mon ami Robin. Il ne parle pas du tout français, donc faisons un effort. Robin, je te présente Nelson.
Robin Cushions :	Enchanté, Nelson.
Nelson :	Enchanté, Robin. Philippe, je ne savais pas que tu parlais anglais.
Philippe Candeloro :	Bien sûr que si ! Tout ce que je sais je l'ai appris de toi ! C'est tout de même dommage que je ne t'aie pas appris à patiner !
Nelson :	En effet.
Philippe Candeloro :	Tu as tout de même de beaux patins.
Nelson :	Tu les trouves bien ? Je les ai achetés en souvenir de mon voyage ici. Écoute, où loges-tu ? On pourrait peut-être se retrouver plus tard pour dîner ?
Philippe Candeloro :	Je suis au Savoy. Robin, tu pourrais expliquer à Nelson quel est le trajet pour aller d'ici à l'hôtel ?
Robin Cushions :	Oui, bien sûr, ce n'est pas loin. Vous sortez de la patinoire et tournez à gauche. Puis vous longez le Strand. Arrivé au carrefour, continuez tout droit, et l'hôtel est sur votre gauche. Vous ne pouvez pas le rater !
Nelson :	Formidable ! Alors, un dîner à 20 heures ?
Philippe Candeloro :	C'est parfait.

ÉTAPE 9

A high-performance interview?

Une interview performante ?

Mission…

Alors, Nelson, vous avez bien profité de votre jour de congé ? Vous avez même eu le temps de vous casser la figure à la patinoire… Il n'empêche, aujourd'hui, il faut être d'attaque pour reprendre le travail ! Cette fois, le monde du moteur est à l'honneur : vous allez vous rendre à Silverstone, pour interviewer Max Throttle après le Grand Prix automobile.

Dialogue

Nelson: Oh no! I'm here with Max Throttle at Silverstone. But I went to the little boys' room and missed the end of the race! I can't believe it! How embarrassing! Max, can you tell me what happened at the end?

Max Throttle: *(en retirant son casque pour mettre une casquette)* Sure. Well, I was in third place behind Jenson and Fernando.

Nelson: Were you?
Max Throttle: Yes, but then Fernando's tyre burst!
Nelson: Did it? Wow!
Max Throttle: Yes, so then I was in second place. And Jenson was just in front of me. I had him in my sights!
Nelson: *(qui s'enthousiasme de plus en plus)* Did you? Fantastic!
Max Throttle: Yes, I was getting closer.
Nelson: Were you? Brilliant! Go on.
Max Throttle: Yes. Then I saw the flag for the last lap.
Nelson: *(de plus en plus excité)* Did you? Amazing!
Max Throttle: And then, I could see the finish line.
Nelson: *(complètement excité)* Really? Wow!
Max Throttle: And then Jenson passed the chequered flag just in front of me.
Nelson: *(tellement excité qu'il n'écoute plus)* Did he? Fantastic!
Max Throttle: What do you mean "fantastic"? I came second.
Nelson: Did you? Oh yes. Right. I'm so sorry Max. Erm, how are you feeling?
Max Throttle: *(enlevant sa casquette et la jetant par terre)* I'm gutted.
Nelson: *(en ramassant la casquette)* Well, you've done a great job with the race commentary – thank you! And better luck next time, Max.

Heureusement pour les « petrolheads » (comme on appelle les passionnés de spo[rts] mécaniques), les Britanniques ont encore un Grand Prix. De nos jours, le circuit de Silverstone accueille chaque année le Gra[nd] Prix automobile.

LANGUAGE NOTE

Les Britanniques n'ont certes pas la réputation d'être le peuple le plus extraverti d'Europe, et pour cause… il faut parfois les encourager à parler, à poursuivre, or l'anglais a un outil génial pour cela, ce sont les echo questions : on répond avec une question qui a pour effet de persuader son interlocuteur de continuer à parler. L'écho vient du fait qu'on emploie la même forme du verbe que celle que son interlocuteur a employé juste avant. Voici quelques exemples :

Phrase	→ ***Réponse***
I've lived in London all my life.	→ Have you?
I went to Australia last year.	→ Did you?
I work with your husband.	→ Do you?
I'm staying at the Ritz.	→ Are you?
I can play the banjo.	→ Can you?

Activité 1

Dans mon interview à Max Throttle, j'étais tellement excité de connaître l'issue de la course que je l'ai bombardé de « echo questions »… Pouvez-vous en trouver sept dans le dialogue ?

1) …………… ……………?
2) ………… ………………?
3) …… ……………………?
4) ……… …………………?
5) …… ……………………?
6) …… ……………………?
7) ……… …………………?

Activité 2

À vous maintenant. Je vais vous raconter quelques anecdotes de mon séjour en Grande-Bretagne jusqu'à maintenant. Mais, une fois n'est pas coutume, je vais faire preuve de timidité et vous allez devoir m'encourager à en dire plus, comme je l'ai fait avec Max Throttle.

1) Well, first of all, I went to Wimbledon. — ……………?
2) Yes, and I played tennis with Sandy Smash. — ……………?
3) I've also met Harry Gaunt. — ……………?
4) Yes, he gave me his teacup. — ……………?
5) Yes. Oh, and I'm going to meet a famous footballer soon! — ……………?

PRONUNCIATION

Pour les malins

Si vous butez sur les echo questions, pas de panique, il y a un petit mot qui joue la même fonction, c'est really. Ça vous dit quelque chose ? On l'avait déjà rencontré à St Andrews, et on va le revoir plus tard. En attendant, retenez simplement que really peut vous servir à encourager quelqu'un à parler mais il faut alors le prononcer comme une question, en faisant monter la voix à la fin du mot : really?

Activité 3

En fait, je ne suis pas particulièrement introverti, comme vous pouvez l'imaginer. Une fois qu'on me donne l'occasion de parler de mes aventures, il est difficile de m'arrêter. Mais peu importe, je vais maintenant vous raconter plus en détail mon séjour. Écoutez le CD et répondez par really? ou une echo question, ou encore les deux !

1) ………………………
2) ………………………
3) ………………………
4) ………………………

LANGUAGE NOTE

Emporté par l'excitation – c'est un de mes défauts ! –, j'ai fait une gaffe en félicitant Max Throttle au lieu de lui témoigner ma sympathie pour sa défaite. Ne faites pas la même erreur. Voice une liste d'expressions toutes faites pour féliciter quelqu'un ou au contraire lui montrer de la compassion :

Pour féliciter quelqu'un

Fantastic!/Brilliant!/Great!/Wow!	Excellent !/Super !/Génial !/Waouh !
Well done!	Bravo !
Congratulations!	Félicitations !
That's great/brilliant/fantastic news!	En voilà des bonnes nouvelles ! / C'est génial !
I'm really pleased for you!	Je suis vraiment content pour vous !

Pour compatir

I'm (so) sorry.	Je suis (vraiment) désolé.
I'm sorry to hear that.	Je suis désolé de l'apprendre.
That's a shame.	C'est dommage.
Oh dear.	Quel dommage !
That's awful/terrible!	C'est affreux/terrible !
If there's anything I can do, just say the word.	Si je peux faire quoi que ce soit, dites-le moi.

Activité 4

Et maintenant, regardez bien ces photos et la nouvelle qui les accompagne, et essayez de donner une réponse plus appropriée que celles que j'ai données à Max Throttle.

1) I've just passed my driving test!

……………………

……………………

2) I failed my exam.

……………………

……………………

3) I lost my job.

……………………

……………………

4) Sally's had a baby!

……………………

……………………

Activité 5

Maintenant que vous êtes un expert en encouragements, félicitations et autres manifestations de compassion, écoutez-moi vous donner d'autres nouvelles. Il ne vous reste plus qu'à m'encourager avec une question, puis à me féliciter ou me témoigner de la sympathie, en fonction de la nouvelle.

1) ……………? ……………………………………
2) ……………? ……………………………………
3) ……………? ……………………………………
4) ……………? ……………………………………
5) ……………? ……………………………………

TRAINING TIP

Dans une interview, il faut parfois faciliter un peu le déroulement de la conversation – « to oil the wheels », comme on dit en anglais (littéralement « mettre de l'huile dans les rouages »). Quand je fais une interview, il faut que je trouve the perfect question. Quand je parle au gagnant, c'est facile, mais quand il s'agit d'un perdant, il me faut faire preuve de tact ! Dans tous les cas, n'ayez pas peur de poser des questions. It's a great way to make friends!

DIALOGUE – traduction :

Nelson :	Oh non ! Je suis ici avec Max Throttle à Silverstone, mais je suis allé au petit coin et j'ai manqué la fin de la course ! Je n'arrive pas à y croire ! Je suis terriblement embarrassé ! Max, pouvez-vous me raconter ce qui s'est passé à la fin ?
Max Throttle :	*(retirant son casque pour mettre une casquette)* Bien sûr. En fait, j'étais en troisième position, après Jenson et Fernando.
Nelson :	Ah oui ?
Max Throttle :	Oui, mais à ce moment-là, le pneu de Fernando a éclaté !
Nelson :	Vraiment ? Waouh !
Max Throttle :	Oui, alors je me suis retrouvé en deuxième position. Et Jenson était juste devant moi. Je l'avais dans ma ligne de mire.
Nelson :	*(qui s'enthousiasme de plus en plus)* Ah oui ? Formidable !
Max Throttle :	Oui, j'étais de plus en plus près.
Nelson :	Vraiment ? Génial, et alors ? Continuez !
Max Throttle :	Oui. À ce moment-là, j'ai vu le drapeau pour le dernier tour.
Nelson :	*(de plus en plus excité)* Ah oui ? Incroyable!
Max Throttle :	Et puis, j'ai vu la ligne d'arrivée.
Nelson :	*(complètement excité)* C'est vrai ? Waouh!
Max Throttle :	Et alors, Jenson a passé le drapeau à damier pile devant moi.
Nelson :	*(tellement excité qu'il n'écoute plus)* Ah oui ? Génial !
Max Throttle :	Comment ça « génial » ? Je suis arrivé en deuxième position.
Nelson :	Ah bon ? Ah oui, OK… Je suis vraiment désolé, Max. Euh, et comment est-ce que vous sentez maintenant ?
Max Throttle :	*(enlevant sa casquette et la jetant par terre)* Je suis écœuré.
Nelson :	*(en ramassant la casquette)* Eh bien, vous avez fait un excellent travail de commentateur sportif – merci ! Et ça ira mieux la prochaine fois, Max !

L'ÉQUIPE INTERNATIONALE DE NELSON MONFORT

Hello my friends! En ma qualité de grand manitou du sport international, et après plusieurs jours de profonde réfléxion et de dur entraînement, je vous livre en exclusivité la composition de la première équipe linguistique internationale. Pour le premier match, j'ai sélectionné quelques expressions anglaises dérivées du monde du sport. Les membres de l'équipe se sont entraînés avec succès cette semaine, et en toute logique je suis très fier de leur prestation. On verra s'ils jouent bien sous la pression de la bataille bilingue.

1

To get the ball rolling – **commencer**
Le jeu de l'équipe commence ici, avec un solide *goalkeeper* (gardien de but).

2

It's a marathon, not a sprint – **c'est un marathon, pas un sprint**
Cet arrière (*fullback*) n'est pas aussi rapide qu'il y a dix ans, mais il y arrive encore.

5

To be a team player – **avoir l'esprit d'équipe**
Au foot, il faut avoir un bon sens de l'observation, pour savoir ce que font les autres.

6

To be a good sport – **être un bon type**
Ici le capitaine, un *defender* (défenseur) équilibré et très professionnel.

3

To feel under par (*golf*) **– ne pas se sentir en forme**
Il y a toujours un joueur qui ne suit pas le rythme du reste de l'équipe. Le voici.

4

To be on the ball – **être sur le qui-vive**
Il emploie la ruse pour tromper son rival.

8

Not to pull any punches (*boxing*) **– ne rien ménager**
Voici l'homme dur de l'équipe, qui joue au centre (*midfield*). Il n'esquive pas les tacles, et il obtient toujours le ballon pour ses copains.

11

The ball's in his court (*tennis*) **– la balle est dans son court**
Fort de sa responsabilité, il joue bien, en sachant exactement quoi faire avec le ballon.

7

To pass the baton on (*athletics*) **– passer le relais**
Comme *winger* (ailier), il est chargé de passer le ballon au centre du terrain.

9

For a kick-off **– pour commencer**
C'est à lui de commencer le match, mais aussi d'être l'élément central de l'équipe, celui qui marque des buts.

10

To bowl someone over (*cricket*) **– rendre très content quelqu'un**
La qualité de ses passes m'a rendu très heureux cette semaine.

ÉTAPE 10

Nelson goes in search of his column

Nelson part à la recherche de sa colonne

Mission...

Aujourd'hui, Nelson, on va voir si vous arrivez à vous débrouiller dans les transports publics londoniens.

Dialogue 1

At the information desk – *À l'accueil*

Nelson: Good morning.
Employé: Good morning, sir.
Nelson : How can I get to Nelson's Column, please?
Employé: The quickest way is by tube.
Nelson : Tube?
Employé: The underground railway.
Nelson: Oh yes, of course, the famous London tube! Hmmm, well I'm not sure about that. What about by bus? I fancy travelling on a big, red London bus so I can see the sights.
Employé: I'm afraid the bus drivers are on strike today, sir. Your best bet might be to take a cab. Or you can walk.
Nelson: A cab?
Employé: A black London taxi, sir. You must know them from the films, sir.
Nelson: What a great idea! Like James Bond! My name is Monfort – Nelson Monfort. With a licence to interview.
Employé: You could be on TV, sir!

Activité 1

Manifestement, j'ai l'embarras du choix pour me déplacer à Londres ! Avez-vous bien compris notre échange ? Alors répondez par « true » ou « false ».

1) The quickest way to Nelson's Column is by tube. ……………
2) Nelson wants to travel by tube. ……………
3) The bus drivers are working today. ……………
4) London taxis are red. ……………

LANGUAGE NOTE

Vous êtes du genre indécis ? Ou peut-être n'êtes-vous pas convaincu par une proposition qu'on vous fait ? Alors ces expressions vous seront bien utiles :

I don't know.		Je ne sais pas.	
I don't really know.		Je ne sais pas vraiment.	
I really don't know.		Je ne sais vraiment pas.	
I'm not (so) sure.		Je ne suis pas (si) sûr (que ça).	
It seems a bit	expensive.	Ça a l'air un peu	cher.
	dangerous.		dangereux.
	dodgy.		craignos.
I shouldn't.		Je ne devrais pas.	
Do you really think I should?		Pensez-vous vraiment que je devrais (…) ?	
I don't really want to (do it).		Je n'en ai pas vraiment envie.	
I'll need to	give that some thought.		
	put my thinking cap on.	Il va falloir que j'y réfléchisse un peu.	
I'm not sure I like it.		Je ne suis pas sûr que ça me plaise.	
Can I think about it?		Est-ce que je peux y réfléchir ?	
I'll take a rain-check.		Ça sera pour une autre fois.	
Can I get back to you on that one?		Je peux vous recontacter à ce sujet ?	

Activité 2

Maintenant j'ai quelques suggestions à vous faire mais, allez savoir pourquoi, vous n'êtes pas très convaincu. Quelle réponse allez-vous me donner ?

1) Do you want to go to the cinema? — ……………………………………………

2) Why don't you buy that jacket? — ……………………………………………

3) Shall we take this short-cut (*raccourci*)? — ……………………………………

4) I think you should take the job. — ……………………………………………

5) Will you come on holiday with me? — …………………………………………

Dialogue 2

Femme: Can I help you, sir?

Nelson: Hi. A return to Charing Cross, please.

Femme: Are you making more journeys on the tube, sir?

Nelson : I'm not sure. Possibly.

Femme: You could use an Oyster card, and the fares work out cheaper. You just load some credit onto this card, then top up whenever you want.

Nelson: OK, I'll put ten pounds on. Here you are.

Femme: Thanks very much, sir. That's done.
Nelson: Thanks. Now… I have to get two trains, is that right?
Femme: Yes, you take the first train from platform 2, change at Baker Street and take the Bakerloo Line to Charing Cross.
Nelson: Great. And it isn't far from there to Nelson's Column, is it?
Femme: No. Go out of the station, turn left, go straight on for about 100 metres and Nelson's Column is in Trafalgar Square, on your right. You can't miss it: it's Nelson's Column, after all!
Nelson: Brilliant. Thanks for all your help. Bye.
Femme: Sir?
Nelson: Yes?
Femme: Your Oyster card!
Nelson: Phew, thanks. French TV would never forgive me if I lost my souvenir!

Il n'a peut-être pas le style rétro du métro parisien, mais si vous voulez avoir une chance de voir un chapeau melon, c'est le lieu idéal.

Activité 3

Dans le Dialogue 2, on m'a donné les indications suivantes : « Take the first train from platform 2, change at Baker Street and take the Bakerloo Line to Charing Cross ». Mais j'ai la bougeotte. Pouvez-vous me donner les indications nécessaires pour faire ces trois autres trajets ?

	Métro	Quai	Correspondance à	Ligne de métro	Station d'arrivée
a)	le 1er	1	Oxford Circus	Central Line	Tottenham Court Road
b)	le 1er	2	Holborn	Piccadilly Line	Covent Garden
c)	le 1er	1	Leicester Square	Piccadilly Line	Russell Square

1) ....

2) ....

3) ....

Si vous ne pensez pas prendre le *tube* très souvent, à défaut d'une *Oyster card*, vous pouvez vous contenter d'un aller simple (a single ticket, ou a single tout court) ou d'un billet aller-retour (a return ticket ou a return tout court). Aux États-Unis, on les appelle respectivement a one-way ticket et a round trip ticket.

LANGUAGE NOTE

Alors, maintenant qu'on a vu comment dire qu'on hésite, qu'on n'est pas sûr, voyons un peu comment exprimer la certitude ou même avancer une possibilité :

You **must** know them.	Vous devez les connaître.
You **can** walk.	Vous pouvez y aller à pied.
Your best bet **might be** to…	Le mieux pour vous serait peut-être de…

Activité 4

Observez les phrases suivantes.

I **might** (do it). / I **might not** (do it).	Il se peut que je le fasse / que je ne le fasse pas.
I'm not sure. I **must** have a think.	Je ne suis pas sûr. Je dois y réfléchir.
I **could** go to the cinema.	Je pourrais aller au cinéma.

Et vous, êtes-vous sûr de vous ? Alors essayez de traduire ces phrases :

1) Je pourrais prendre le métro.
2) Il se peut que j'achète un aller-retour.
3) Je dois changer à Baker Street.

Activité 5

Et maintenant, on va essayer de se mettre à l'unisson tous les deux : réécoutez ces expressions tirées des dialogues puis dites-les à votre tour. Écoutez-les à nouveau et essayez de reproduire au plus près leur petite « musique », en insistant bien sur certaines syllabes. Allez, je suis tout ouïe !

I fancy travelling on a big, red London bus.
Your best bet might be to take a cab.
Take the first train from platform two.
Brilliant. Thanks for all your help.
Turn left, go straight on for about a hundred metres.

PRONUNCIATION

Écoutez bien les phrases suivantes : je vais les prononcer de mon mieux ! Remarquez comme l'intonation monte et descend sans cesse : c'est ce qui donne à l'anglais sa musicalité particulière, mais ça permet aussi et surtout d'insister sur les mots importants.

Your <u>best</u> <u>bet</u> <u>might</u> be to <u>take</u> a <u>cab</u>.
Take the <u>first</u> <u>train</u> from platform <u>two</u>.

TRAINING TIP

Parler une langue étrangère permet de rencontrer du monde et d'oser faire des choses comme aborder des inconnus, ce que l'on n'ose parfois pas faire dans sa propre langue. Il faut oser devenir un autre et se transformer en interviewer « à la Nelson », et en se laissant guider par la curiosité et l'envie de connaître d'autres gens (dans le cas qui vous intéresse, nos drôles de voisins britanniques).

Ma vie a été pleine de défis et j'ai souvent dû partir à la chasse au trésor – comme par exemple quand j'ai réussi à interviewer Bill Clinton à Roland-Garros en 2001. L'important, c'est de se fixer des objectifs à atteindre, et de les poursuivre !

Go for it, and good luck!

Activité 6

Je me suis concocté un vaste programme pour aujourd'hui. Pouvez-vous m'aider à trouver le chemin de la bibliothèque, de la gare et de la cathédrale ? Écoutez le CD avant de compléter les phrases ci-dessous avec les informations manquantes.

1) To get to the library, turn ...., then take the .... street on your ....
2) To get to the station, turn ...., then take the .... street on your ....
3) To get to the cathedral, turn ...., then take the .... street on your ....

Ce qui donne en français... (entourez les bonnes réponses) :

Pour arriver à...	*Tournez à ...*	*puis prenez la ...*	*à ...*
... la bibliothèque	gauche / droite	1re / 2e / 3^{e}	gauche / droite
... la gare	gauche / droite	1re / 2e / 3^{e}	gauche / droite
... la cathédrale	gauche / droite	1re / 2e / 3^{e}	gauche / droite

Activité 7

Vous êtes encore d'attaque ? Alors voyons si vous vous souvenez comment dire en anglais :

1) Un aller-retour pour Londres, s'il vous plaît. ………………………………………………
2) Je n'en suis pas sûr. ………………………………………………
3) Quelle bonne idée ! ………………………………………………
4) Il se peut que j'aille au cinéma. ………………………………………………

DIALOGUE 1 – traduction :

Nelson :	Bonjour.
Employé :	Bonjour, monsieur.
Nelson :	Pour aller à la Colonne de Nelson, s'il vous plaît ?
Employé :	Le moyen le plus rapide c'est de prendre le *tube*.
Nelson :	Le *tube* ?
Employé :	Le métro.
Nelson :	Ah oui, bien sûr, le fameux métro de Londres ! Hmm, j'hésite... Et le bus ? Ça me dit bien de prendre un grand bus rouge de Londres pour visiter la ville.
Employé :	Je suis désolé, mais les conducteurs de bus sont en grève aujourd'hui, monsieur. Le mieux pour vous serait probablement de prendre un *cab*. Ou bien vous pouvez y aller à pied.
Nelson :	Un *cab* ?
Employé :	Les taxis noirs de Londres. Vous les avez sûrement déjà vus dans les films, monsieur.
Nelson :	Quelle bonne idée ! Comme James Bond ! Monfort – mon nom est Nelson Monfort. Avec le permis d'interviewer !
Employé :	Vous pourriez travailler à la télévision, monsieur !

DIALOGUE 2 – traduction :

Femme :	Puis-je vous aider, monsieur ?
Nelson :	Bonjour. Un aller-retour pour Charing Cross, s'il vous plaît.
Femme :	Pensez-vous faire d'autres trajets en métro, monsieur ?
Nelson :	Je ne sais pas. C'est possible.
Femme :	Vous pourriez utiliser une carte *Oyster*, ça revient moins cher. Il vous suffit de charger du crédit sur votre carte et d'en rajouter quand vous voulez.
Nelson :	D'accord. Je vais mettre dix livres, les voilà.
Femme :	Merci beaucoup, monsieur. Voilà qui est fait.
Nelson :	Merci. Alors… il me faut prendre deux métros, n'est-ce pas ?
Femme :	Oui, vous prenez le premier métro sur le quai numéro 2, vous changez à Baker Street et prenez la ligne Bakerloo jusqu'à Charing Cross.
Nelson :	Super. Et ce n'est pas loin de la Colonne de Nelson, n'est-ce pas ?
Femme :	Non. En sortant de la station, tournez à gauche, allez tout droit sur une centaine de mètres et la Colonne de Nelson se trouve sur Trafalgar Square, à droite. Vous ne pouvez pas la manquer – c'est la Colonne de Nelson, quand même !
Nelson :	Parfait. Merci pour votre aide. Au revoir !
Femme :	Monsieur !
Nelson :	Oui ?
Femme :	Votre *Oyster card* !
Nelson :	Ouf, merci. France Télévisions ne me pardonnerait jamais d'avoir perdu ce souvenir !

ÉTAPE 11

Nelson makes a wish

Nelson fait un vœu

Mission...

Maintenant que vous maîtrisez bien le système de transport londonien, aujourd'hui, Nelson, vous allez passer la journée à Londres avec le footballeur Terry Hendry. Il vous a invité à aller faire du shopping avec lui car c'est le seul moment qu'il a de libre dans son emploi du temps chargé.

Dialogue 1

Terry Hendry:	Hey, Nelson, good to see you again.
Nelson:	Hi, Terry. You're looking well.
Terry Hendry:	It's the London climate, mate. Nothing but sunshine.
Nelson:	Yeah. Have you got your brolly with you?
Terry Hendry:	Yeah.
Nelson:	Me too. OK, so what's the plan?
Terry Hendry:	We could start by heading down to Carnaby Street. I'd like to show you a couple of shops.
Nelson:	Cool. Then lunch is on me.
Terry Hendry:	Sounds good. Off we go, then.
Nelson:	After you.

*Carnaby Street à Londres est un **must** pour les **fashion victims** du monde entier !*

Activité 1

Vous avez sans doute remarqué que ce petit échange entre Terry Hendry et moi est truffé d'expressions familières. Cherchez-y celles qui correspondent aux expressions suivantes.

1) Ça fait plaisir de te revoir. ……………………………………………

2) Tu as bonne mine. ……………………………………………

3) C'est quoi le programme ? ……………………………………………

4) Super. ……………………………………………

5) Ça me paraît très bien. ……………………………………………

6) Allez, on y va. ……………………………………………

Dialogue 2

Terry Hendry:	I'm going to try this jacket on.
Nelson:	It looks a bit small. Will it fit you?
Terry Hendry:	Dunno… No. I'll ask for a bigger size. Excuse me… Can I try this jacket in a Large, please?
Nelson:	That'll suit you better. How much is it?
Terry Hendry:	Nine hundred quid.
Nelson:	That's a rip-off. It'll take you nearly half an hour to earn that at Chelsea!
Terry Hendry:	Yeah, I'll have a word with the boss in training tomorrow – see if he'll give me a pay rise.
Nelson:	An extra grand a week would be fair.
Terry Hendry:	Yep. Oh, by the way… this is for you.
Nelson:	A Chelsea shirt! Wow! Thank you!
Terry Hendry:	You're welcome, mate. I hope it'll fit you.
Nelson:	It'll fit me like a glove. With this shirt, I'll be good enough to play for Chelsea!
Terry Hendry:	Don't hold your breath.

LANGUAGE NOTE

Pour s'exprimer au futur en anglais, croyez-moi, ce n'est pas bien compliqué :

- Pour un projet déjà conçu, on emploie plutôt to be going to suivi de l'infinitif avec to :
  I'm going to try on… Je vais essayer…
- Pour une décision spontanée, on emploie will suivi de l'infinitif sans to :
  I will ask for… / I'll ask for… Je vais demander…

PRONUNCIATION

La prononciation anglaise réserve souvent des surprises. Par exemple, le verbe to suit, que j'ai employé quand j'ai dit à Terry That'll suit you better, se prononce « soutt », à ne pas confondre avec une suite, mot anglais que nos voisins prononcent à la française, et qui désigne une grande chambre avec salle de bains ou appartement privé dans un hôtel. Donc la suite royale d'un hôtel ne sera jamais l'équivalent de a royal suit mais bien a royal suite… Pour sa part, Terry a sans doute les moyens de s'offrir les deux !

Activité 2

Dans le Dialogue 2, Terry Hendry et moi on a essentiellement employé le futur. Vous souvenez-vous comment a-t-on dit ce qui suit ?

1) Ça t'ira mieux. …………………………………

2) J'en toucherai un mot au chef. …………………………………

3) Il me donnera une augmentation de salaire. …………………………………

LANGUAGE NOTE

Faisons court !

On a déjà vu qu'en anglais, on a souvent tendance à « avaler » certains sons. Les formes « raccourcies » ci-dessous, tirées du Dialogue 2, sont extrêmement courantes à l'oral et même à l'écrit. Adoptez-les !

I'm going (= I am going)
I'll ask for (= I will ask for)
It'll fit you (= It will fit you)
That's (= That is)
He'll (= He will)

Activité 3

Voici une petite série de questions-réponses. Reconnaissez-vous la forme « spontanée » du futur employée dans les réponses ?

Are you going to try that shirt on? → I'll try it on this afternoon.
Are you going to finish your pizza? → I'll finish it later.
Are you going to phone your mum? → I'll phone her tomorrow.

Oui ? Alors maintenant, à vous de répondre à ces questions :

1) Are you going to visit your brother ? → .... on Tuesday.
2) Are you going to buy that car? → .... next year.
3) Are you going to help me? → .... in a minute.
4) Are you going to pay for the holiday? → .... next week.

LANGUAGE NOTE

Connaissez-vous votre taille et votre pointure outre-Manche et outre-Atlantique ? Par exemple, une pointure 41 correspond à un 7½ au Royaume-Uni et un 9 aux États-Unis... Pour donner votre taille ou pointure au vendeur, piochez parmi les expressions suivantes :

- Chaussures :
  I take a size / I take a / I take size 7½. Je fais du 41.
- Vêtements pour femmes :
  I take a size / I take a / I take size / I'm a size / I'm a 12. Je fais une taille 38. / Je fais du 38.
- Vêtements pour hommes :
  I'm / I take a medium. Je fais du M.

To fit ou to suit ?
Pour indiquer que c'est la bonne (ou mauvaise) taille, on se sert du verbe to fit :
This shirt fits me. Cette chemise est à ma taille.
Pour indiquer qu'on trouve qu'un vêtement nous va bien (ou pas), qu'on aime sa couleur, sa forme, son style etc, on utilise to suit :
This shirt suits you. Cette chemise te va bien.

Activité 4

Une amie vous appelle affolée pour vous demander un service : elle a un mariage le week-end suivant et rien de décent à se mettre. Pouvez-vous lui prêter une paire de chaussures et une robe ? Regardez les étiquettes et confirmez-lui votre taille et pointure, en faisant votre choix parmi les expressions introduites juste avant.

1) 

2) 

....

TRAININGTIP

I think there are beaucoup de similitudes between la vie d'un sportif et celle d'un language student. Les deux courent après victory and perfection, mais during this time ils ont les moyens de s'exprimer et de communiquer aux gens leur passion !

Activité 5

Comblez les « trous » de ce dialogue avec les mots encadrés.

— I'd like to .... these shoes, please.
— Yes, sir. What .... do you take?
— Eight.
— Here you are. Oh, they really .... you!
— OK, I'll take them. How .... are they?

MUCH	SIZE
TRY ON	SUIT

Ça y est ? Maintenant jouez un peu les acteurs et lisez-le à voix haute.

Activité 6

Si vous réécoutez maintenant le Dialogue 2, je suis sûr que vous n'aurez aucun mal à trouver la bonne réponse. Entourez-la.

1) Terry tries on a jacket. It's *too big / too small.*
2) The jacket costs *£900 / £90.*
3) Terry's club is *Arsenal / Chelsea.*
4) Terry gives Nelson *a jacket / a football shirt.*

PRONUNCIATION

Avez-vous remarqué comme Terry et moi prononçons de manière plus insistante certaines syllabes, tandis que d'autres sont prononcées de manière plus atténuée ? Observez les syllabes « fortes » soulignées dans les phrases suivantes :

I'm going to try this jacket on.
Can I try this jacket in a large, please?
That's a rip-off!
This is for you.

Activité 7

Écoutez ces expressions tirées du Dialogue 2, et maintenant à vos micros : essayez d'imiter à votre tour la petite « musique » de l'anglais.

- I'm going to try this jacket on.
- It looks a bit small.
- Can I try this jacket in a large, please?
- How much is it?
- That's a rip-off!
- This is for you.
- Thank you.
- You're welcome.

DIALOGUE 1 – traduction :

Terry Hendry : Salut, Nelson. Ça fait plaisir de te revoir.
Nelson : Salut, Terry. Tu as bonne mine.
Terry Hendry : C'est le climat de Londres, mon vieux. Rien que du soleil.
Nelson : Hmm. Tu as pris un pépin ?
Terry Hendry : Ouais.
Nelson : Moi aussi. Alors, quel est le programme ?
Terry Hendry : On pourrait commencer par aller à Carnaby Street. Je voudrais te montrer deux ou trois boutiques.
Nelson : Super. Alors je t'invite à déjeuner.
Terry Hendry : Parfait. Allez, on y va alors.
Nelson : Après toi.

DIALOGUE 2 – traduction :

Terry Hendry : Je vais essayer cette veste.
Nelson : Elle paraît un peu petite. Ça va être à ta taille ?
Terry Hendry : Je sais pas… Non… Je vais demander une taille plus grande… Excusez-moi. Est-ce que je peux essayer cette veste en taille L, s'il vous plaît ?
Nelson : Ça t'ira mieux. C'est combien ?
Terry Hendry : 900 livres.
Nelson : C'est de l'arnaque. Ça va te prendre près d'une demi-heure pour gagner ça au Chelsea !
Terry Hendry : Ouais, j'en toucherai un mot au chef demain pendant l'entraînement – on verra s'il me donne une augmentation.
Nelson : Mille livres de plus par semaine, ça paraît juste.
Terry Hendry : Ouais. Ah, au fait… ça c'est pour toi.
Nelson : Un maillot du Chelsea ! Waouh ! Merci !
Terry Hendry : De rien, mon vieux. J'espère qu'il est à ta taille.
Nelson : Il m'ira comme un gant. Avec ce maillot, je serai assez bon pour jouer au Chelsea !
Terry Hendry : C'est pas demain la veille.

ÉTAPE 12

Nelson sees how the other half live

Nelson va voir du côté des riches

Mission...

Après cette séance de shopping dans les beaux quartiers de Londres, aujourd'hui, Nelson, vous allez frayer avec l'aristocratie en visitant le manoir d'un lord et déjeuner avec lui.

Dialogue 1

Nelson: Your house and gardens are beautiful, Lord Ponsonby-Beaumont. Thanks ever so much for showing me round.

Lord: You're welcome. It's always nice to chat to someone so cultured.

Nelson: So you're happy for the public to visit your mansion?

Lord: Yes, well, frankly, we need the money to pay the bills. Heating this place is jolly expensive, you know.

Nelson:	Aren't you afraid of ruffians getting in?
Lord:	Good Lord, no. We don't get any riff-raff here. Most of our visitors are salt of the earth.
Nelson:	Yes, I can imagine. Do you mind if I try some of this sponge cake?
Lord:	By all means. If you like, I'll get the chef to give you the recipe.
Nelson:	That would be great. I'd like to have an English tea party when I get back to Paris.
Lord:	Then you'll need a proper china teapot. Here, you can have this one.
Nelson:	You're too kind, Lord Ponsonby-Beaumont.
Lord:	Yes, I suppose I am. Speaking of which, I'd like to offer you a meal in our restaurant, as my guest. Shall we see you in about an hour?
Nelson:	That sounds like heaven. Thank you, your Lordship.

Activité 1

True or false?

1) Lord Ponsonby-Beaumont needs extra money to pay the bills. ………………
2) Most of the visitors are ruffians. ………………
3) The recipe for the sponge cake is a secret. ………………
4) Nelson is interested in drinking tea in Paris. ………………
5) Lord Ponsonby-Beaumont sells a teapot to Nelson. ………………

La tendance chez les aristos britanniques est de plus en plus à ouvrir sa propriété au public, non seulement pour contribuer aux frais d'entretien, mais aussi pour améliorer leurs relations avec la société locale. En revanche, on ignore ce que les aristos en pensent en privé !

Activité 2

Comment imaginez-vous la diction d'un aristocrate anglais ? Voici une petite sélection de phrases du dialogue, prononcées par une voix « standard » puis par Lord Ponsonby-Beaumont. Essayez d'imiter à voix haute chaque accent : c'est l'occasion rêvée de vous payer la tête des Anglais !

Yes, well, frankly, we need the money.
It's jolly expensive, you know.
Good Lord, no.

By all means.
Here, you can have this one.
Yes, I suppose I am.

LANGUAGE NOTE

Vous avez peur ? Pas de l'anglais, j'espère ! Enfin, si vous craignez quelque chose, voici deux manières de l'exprimer (si vous osez le faire à voix haute !) :

I'm afraid of losing my money.
I'm afraid I might lose my money.
J'ai peur de perdre mon argent.

Chatsworth House, l'une des plus célèbres demeures anglaises. Chaque année, de nombreux visiteurs viennent voir la demeure et les jardins pour satisfaire leur curiosité !

Activité 3

À défaut d'avoir peur, vous avez sans doute de l'imagination. Alors exprimez votre peur dans certaines situations :

1) arrive late / arriving late (arriver en retard) ……………………………………………
2) look stupid / looking stupid (paraître idiot) ……………………………………………
3) break the teapot / breaking the teapot (casser la théière) ……………………………
4) die / dying (mourir) ………………………………………………………………………

TRAINING TIP

Each time qu'il me faut interviewer un célèbre tennisman, I try to vary my language. Vous m'avez sans doute vu interviewer les superstars du tennis, Roger Federer et Rafael Nadal ! J'essaie de ne pas avoir peur, mais to think of new ways of congratulating them et de partager ces moments. C'est ça, la communication, and we have un bon arsenal pour y arriver !

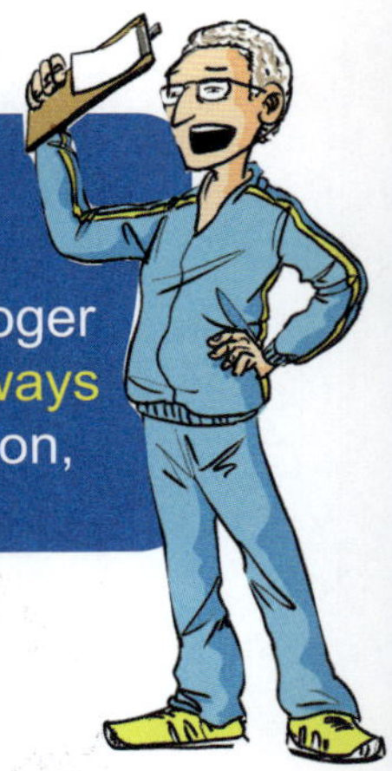

Dialogue 2

Serveuse:	His Lordship has asked me to say he will be joining you in a few minutes, sir. Are you ready to order?
Nelson:	Yes. I'd like the soup to start with, please.
Serveuse:	Certainly, sir. And for the main course?
Nelson:	As I'm in England, I think I'll have roast beef.
Serveuse:	Well done, sir?
Nelson:	Thank you.
Serveuse:	No, I mean would you like your meat well done?
Nelson:	Ah, yes, how silly of me. Medium rare, please!
Serveuse:	No problem, sir. What can I get you to drink?
Nelson:	I fancy a glass of house red wine and a bottle of sparkling mineral water, please.
Serveuse:	Thank you, sir.

LANGUAGE NOTE

Après tant d'heures studieuses, vous avez sans doute faim, n'est-ce pas ? Voici différentes façons de commander à manger. Et comme on dit en anglais… « bon appétit » !

As a starter… For starters… To start with…	I'd like…	En entrée, je voudrais…
For the main course… For (the) main…		Comme plat principal, je voudrais…
For dessert… For afters… For pudding…		En dessert, je voudrais…

Activité 4

a glass of white wine

roast chicken

a bowl of soup

a glass of red wine

roast beef

ice cream

a bottle of water

pâté

Êtes-vous prêt à commander un bon repas savoureux (croyez-moi, c'est possible, même dans un restaurant britannique !) ? Alors élaborez votre menu à partir des photos ci-dessus, en précisant ce que voulez comme entrée, plat principal, dessert et boisson.

……………………………………………………………………………………

……………………………………………………………………………………

……………………………………………………………………………………

Les noms des repas au Royaume-Uni sont intéressants, pour ne pas dire déconcertants ! En effet, le déjeuner (lunch, en anglais standard) peut être appelé dinner dans certaines régions du nord, et le dîner (dinner, en anglais standard) appelé tea. Pour couronner le tout, le fameux « thé » traditionnel de quatre heures, s'appelle aussi tea. Enfin, vous arriverez bien à vous dépatouiller entre toutes ces appellations et à vous faire servir à manger, à condition bien sûr de vous mettre à l'heure anglaise : on ne sert plus après 20h dans les petites villes et 22h dans les grandes villes.

Lunch ? Dinner ? Tea ? Voyons voir…

DIALOGUE 1 – traduction :

Nelson : Votre manoir et les jardins sont très beaux, Lord Ponsonby-Beaumont. Merci infiniment de me les avoir fait visiter.

Lord : Il n'y a pas de quoi. C'est toujours un plaisir de bavarder avec quelqu'un d'aussi cultivé.

Nelson : Alors, vous êtes content que le public visite votre manoir ?

Lord : Oui, enfin, franchement, nous avons besoin de cet argent pour payer les factures. Vous savez, c'est drôlement cher de chauffer un endroit comme celui-ci.

Nelson : Vous n'avez pas peur que des voyous y pénètrent ?

Lord : Grand Dieu, non. On ne voit pas de populace par ici. La plupart de nos visiteurs sont le sel de la terre.

Nelson : Oui, j'imagine. Puis-je goûter une peu de cette génoise ?

Lord : Certainement. Si vous voulez, je demanderai au chef de vous donner la recette.

Nelson : Ce serait fantastique. En rentrant à Paris, j'aimerais inviter mes amis pour un thé à l'anglaise.

Lord : Alors, vous aurez besoin d'une authentique théière en porcelaine. Tenez, vous pouvez prendre celle-ci.

Nelson : C'est trop gentil de votre part, Lord Ponsonby-Beaumont.

Lord : Oui, je crois bien. À propos, je voudrais vous inviter à manger dans notre restaurant. Dans une heure, ça vous va ?

Nelson : Ce serait plus que parfait. Merci, Lord.

DIALOGUE 2 – traduction :

Serveuse : Monsieur le baron m'a demandé de vous dire qu'il sera là dans quelques minutes, monsieur. Êtes-vous prêt à commander ?

Nelson : Oui. Pour commencer, je voudrais la soupe, s'il vous plaît.

Serveuse : Certainement, monsieur. Et comme plat principal ?

Nelson : Comme je suis en Angleterre, je prendrai le rosbif.

Serveuse : Bien cuit, monsieur ? [*well done* veut aussi dire « bien fait » en anglais]

Nelson : Merci.

Serveuse : Non, je voulais dire, votre viande, la voulez-vous bien cuite, monsieur.

Nelson : Ah, oui, que je suis bête ! À point, s'il vous plaît.

Serveuse : Pas de problème, monsieur. Et pour boire ?

Nelson : J'ai bien envie d'un verre de vin rouge de la maison, et une bouteille d'eau gazeuse, s'il vous plaît.

Serveuse : Merci, monsieur.

L'ANGLAIS EN VERSION PLANÉTAIRE

Certes, les chiffres attestent l'importance de l'anglais dans la langue des affaires, de la politique, du monde universitaire et du sport, mais l'anglais est aussi une langue « collectionneuse », qui intègre sans cesse des mots et des expressions venus d'ailleurs. Prêts pour une tournée éclair dans le wonderful world of English ?

LE « LONDONIEN »

À Londres, il n'y a plus d'authentiques Cockneys parlant le curieux rhyming slang mais on trouve des traces de cet « argot rimé » dans l'argot actuel des Britanniques et certaines expressions de rhyming slang sont d'ailleurs passées dans la langue courante. Par exemple, si on vous dit use your loaf, ça veut dire que vous devez réfléchir un peu (loaf of bread = head, mot à mot « utilisez votre tête »)…

L'ÉCOSSAIS

En dehors du British English qu'on enseigne en classe, pourquoi ne pas vous initier aux variantes écossaises ? En Écosse, on emploie par exemple wee pour « petit » et youse pour le « vous » pluriel. Et en argot écossais, un ned c'est un peu comme la « racaille » en français (chav en Angleterre) : tout comme en français, un terme à éviter !

L'ANGLAIS AMÉRICAIN

Comme on dit en anglais, les États-Unis et le Royaume-Uni sont two nations divided by a common language, deux nations séparées par une langue commune. Si vous menacez d'arriver chez un Américain habillé en pants (un slip, en anglais britannique), vest (maillot de corps) et suspenders (jarretelles), l'Américain ne sera pas perturbé le moins du monde : ces mots signifient pour lui un pantalon, un gilet et des bretelles ! No problem!

LE HINGLISH

Le Hinglish, ça marche dans les deux sens : des mots venus de l'hindi, de l'ourdou et du pendjabi qui font maintenant partie intégrante de la langue anglaise – comme pyjamas, sari ou bangles (bracelets) –, et plein de mots anglais entrés dans les langues du sous-continent indien.

L'AUSTRALIEN

Aux antipodes, (Down Under comme disent les Britanniques), n'oubliez pas d'apporter des bathers (un maillot de bain) pour aller au barbie (barbecue), sans oublier un tinny (une cannette de bière). Vous verrez, vous allez passer un moment ripper ou bonzer (génial), et serez assurément rapt (très content) !

LE FRANÇAIS

On fustige souvent l'anglicisation du français ; pourtant, depuis Guillaume le Conquérant, l'influence du français sur l'anglais est indiscutable, notamment la langue diplomatique. Et nous qui pensions que les Britanniques étaient les rois de la diplomatie ! Si je vous dit en anglais que there has been a coup d'état ou qu'on note a spirit of rapprochement and détente between Russia and the USA, pas besoin d'une traduction !

ÉTAPE 13

Join the scrum, Nelson!

Dans la mêlée, Nelson !

Mission...

Attention, Nelson, vous êtes prêt ? Après avoir goûté à la vie des lords, aujourd'hui, nous aimerions que vous passiez l'après-midi dans un pub avec des supporters anglais de rugby, avant le match international Angleterre-France qui aura lieu demain.

Dialogue 1

Nelson:	Hi, guys. Sorry to interrupt, but could I have a quick word, please?
Supporter:	Sure. We're not being too rowdy, are we?
Nelson:	Ha-ha, no, not at all. I'm Nelson, from French television, and I'm looking for some rugby fans to interview. Do you mind if I join you?
Supporter:	No problem, as long as you're prepared to drink beer and wear an English scarf. Here, you can have this one: wear it with pride!

Nelson:	That's very kind of you.
Supporter:	Hey, chill out. No need to be so formal. You're among rugby mates here.
Nelson:	OK, err… thanks?
Supporter:	That's it. Or "cheers"!
Nelson:	Cheers. Isn't that what you say when you start a drink?
Supporter:	Yes, but it also means "thanks".
Nelson:	I think this will all make sense after I've had a beer!
Supporter:	Exactly. Cheers!
Nelson:	Cheers! So, are you looking forward to the match?
Supporter:	You bet. It's always good to beat the French.
Nelson:	Hmm, but it doesn't happen very often, though! Ha-ha, I'm only joking. No, I think you have a good chance tomorrow, if you play as well as you can.
Supporter:	Well, we'll see what happens. You're welcome to come for a few jars with us after the game, if you like. We'll be in here again.
Nelson:	Cheers!
Supporter:	Ta!
Nelson:	Ta?
Supporter:	Thanks!
Nelson:	I think I need another beer.
Supporter:	Off you go to the bar, then – it's your round!

Activité 1

Comme on n'en est qu'à la première pinte, on sera sans doute capables de trouver l'équivalent en français de ces expressions anglaises tirées du Dialogue 1. Je compte sur vous…

1)	Are you looking forward to the match? •	•	C'est ta tournée.
2)	Could I have a quick word, please? •	•	On verra bien.
3)	Chill out. •	•	Pas de problème.
4)	I think I need another beer. •	•	Vous attendez le match avec impatience ?
5)	We'll see what happens. •	•	Relax (Max) !
6)	It's your round. •	•	Je crois que j'ai besoin d'une autre bière.
7)	No problem. •	•	Est-ce que je pourrais vous dire deux mots ?

Activité 2

Ce serait amusant d'être supporter de la France, mais en anglais, vous ne croyez pas ? Pour un moment de surréalisme, écoutons des phrases sportives (et moins sportives) propres à un supporter français… mais dites par un Anglais ! Vérifiez que vos voisins sont absents, et criez avec moi :

Come on, you blues!	Allez les Bleus !
Are you blind, referee?	Vous êtes aveugle, monsieur l'arbitre ?
Pass it, you idiot!	Passe-le, imbécile !
Push! / Heave!	Poussez fort !
A try for France!	Un essai pour la France !
Now for the conversion!	Et maintenant, la transformation !
We've won the Six Nations!	On a gagné le Tournoi des Six Nations !

Vous aurez sans doute remarqué qu'en anglais on dit plus souvent merci qu'en français. C'est simplement une habitude, et ça ne veut pas dire que les Britanniques sont plus polis que les Français ! Même si vous trouvez cette « politesse » excessive, je vous conseille d'adopter ce style si vous allez outre-Manche. Et n'oubliez pas qu'au pub, il n'y a qu'un mot à savoir pour dire « merci » et « à la tienne », c'est cheers!

LANGUAGE NOTE

Adoptons maintenant la politesse britannique : lisez bien cette rubrique. Je vous remercie de vouloir apprendre plusieurs manières de dire merci. Avec votre permission, j'ai fait un classement des expressions qu'on emploie pour dire « merci », en partant d'un langage plutôt soutenu pour arriver à un langage courant voire familier. Faites votre choix !

Langage soutenu : That is very kind of you.
You are too kind.
Thank you ever so much.
I cannot thank you enough.
I do not know how to thank you.

Langage neutre : Thank you.
Thanks very much.
Thanks a lot.
Thanks.

Langage familier : Cheers.
Ta.

Activité 3

Il y a tellement d'occasions de remercier les gens au Royaume Uni que je me demande même comment ils trouvent le temps de faire autre chose ! Maintenant que vous êtes un expert en la matière, à votre avis de quelle(s) manière(s) dira-t-on merci dans chacune des situations illustrées par ces photos ?

1) 

…………………

2) 

…………………

3) 

…………………

4) 

…………………

5) 

…………………

6) 

…………………

7) 

…………………

8) 

…………………

TRAINING TIP

Vous me connaissez aussi for my love of classical music, n'est-ce pas ? Permettez-moi to tell you a secret : la musique classique is an excellent way to relax the brain quand on a de la grammaire ou du vocabulaire à apprendre. I close my eyes et je me concentre sur ce que je fais. I recommend it to you – English language and classical music : the perfect combination !

Dialogue 2

Serveuse: Yes, gents, what can I get you?
Supporter: What's your poison, Nelson?
Nelson: Err… you want to poison me?
Supporter: No, mate… what do you want to drink? They've got a French lager if you fancy it.
Nelson: Ah, OK. No, I'll stick with the bitter, thanks. It's best not to mix.
Supporter: Wise move. Two pints of bitter and three pints of stout, please.
Serveuse: Coming up. Anything else?
Supporter: Yeah, a bag of salt and vinegar crisps and a bag of peanuts, please.
Serveuse: OK. Shall I put that on your tab, sir?
Supporter: No, I'll settle up now if that's all right. We'll be making a move after this.
Serveuse: There we go, gents: three Guinness, two bitters, and your nibbles. The whole tab comes to fifty-six pounds exactly, please.
Nelson: Can I pay for this, please?
Supporter: No, thanks, mate – good of you to offer, but you're our guest. Plus you bought a round earlier on.
Nelson: Well, that's very kind of you.
Supporter: What did I tell you about going all formal on me?
Nelson: Argh, sorry: cheers, mate!
Supporter: That's more like it.
Serveuse: Four pounds change, sir. Thanks very much.
Supporter: Keep the change. Cheers.
Nelson: Cheers!

Pour être comme un poisson dans l'eau dans les pubs britanniques, je vous ai préparé un petit récapitulatif des boissons les plus souvent consommées. Commençons par les incontournables bières :

lager = bière blonde
bitter = bière rousse un peu amère
stout = stout (en d'autres termes, bière brune ou noire irlandaise)
cider = cidre

Et pour contrôler votre débit, n'oubliez pas que :
a pint = env. ½ litre   a half-pint / a half = env. ¼ litre

Si vous préférez les alcools forts, alors demandez un short, par exemple :

A vodka	and coke	with ice / on the rocks
A double vodka	and tonic	
A gin	and orange	
A whisky	and soda	

Activité 4

Est-ce que vous pouvez m'aider ? J'essaie de me souvenir de certaines expressions anglaises du Dialogue 2, mais après une bière, j'ai déjà tout oublié.

1) Qu'est-ce que je peux vous offrir ? ……………………………………………
2) À quoi tu carbures ? ……………………………………………
3) Il vaut mieux éviter de mélanger. ……………………………………………
4) Une sage décision. ……………………………………………
5) Gardez la monnaie. ……………………………………………

Activité 5

Bonne nouvelle ! Plusieurs des expressions que vous avez apprises pour commander à boire pourront également vous être utiles au magasin du coin, par exemple. Nous y voilà… Ah, mais il va falloir faire la queue (les Britanniques seront ravis !). Écoutez ce que les personnes devant nous veulent acheter et complétez le tableau :

	bread	milk	cheese	biscuits	bananas	water	sugar
David orders							
Carol orders							

Activité 6

Maintenant, retournons au bar et à vous de commander ce que vous voulez prendre ! On vous pose des questions et vous ne devez répondre qu'en utilisant des phrases que vous avez apprises dans les dialogues :

Serveur : What can I get you ?
Vous : …………………………………………………………………………………… .
Serveur : Certainly. Anything else?
Vous : …………………………………………………………………………………… .
Serveur : Coming up. Any crisps or nuts?
Vous : …………………………………………………………………………………… .
Serveur : No problem. That's eight pounds seventy-six in total, please.
Vous : Here's ten pounds. ……………………………………………………………… .
Serveur : Thanks very much.
Vous : …………………………………………………………………………………… .

Activité 7

On est enfin arrivés au stade. Sur la photo, vous pouvez voir comme l'ambiance devient électrique. En attendant le début du match, complétez les observations suivantes avec les mots encadrés ci-dessous :

1) We're looking at a group of ____________________ .
2) Their favourite sport is ____________________ .
3) They're in the ____________________ .
4) They've come to see the big ____________________ .
5) They're wearing rugby ________________ and waving ________________.
6) They hope their team will ____________________ .

FLAGS | SUPPORTERS | STADIUM | MATCH | RUGBY | WIN | SHIRTS

DIALOGUE 1 – traduction :

Nelson :	Salut, les gars. Désolé de vous interrompre, mais est-ce que je pourrais vous dire deux mots ?
Supporter :	Bien sûr. Est-ce qu'on chahute trop ?
Nelson :	Ha-ha, non, pas du tout. Je suis Nelson, de la télévision française, et je cherche des supporters de rugby pour les interviewer. Ça vous dérange si je me joins à vous ?
Supporter :	Pas de problème, du moment que tu es prêt à boire de la bière et à porter une écharpe anglaise. Tiens, tu peux prendre celle-là : porte-la avec fierté !
Nelson :	C'est très gentil de votre part.
Supporter :	Hé, relax Max ! Pas besoin d'être aussi cérémonieux. Ici tu te trouves parmi des potes de rugby.
Nelson :	OK, err… merci ?
Supporter :	Voilà. Ou on peut dire aussi « cheers » !
Nelson :	*Cheers*. Est-ce que ce n'est pas ce que vous dites au moment de trinquer ?
Supporter :	Oui, mais ça veut aussi dire « merci ».
Nelson :	Je crois que tout me paraîtra plus logique après une bière !
Supporter :	Tout à fait. *Cheers!* (À la tienne !)
Nelson :	*Cheers!* (À la tienne !) Alors, vous attendez le match avec impatience ?
Supporter :	Et comment. Ça fait toujours plaisir de battre les Français.
Nelson :	Hmm, oui mais ça n'arrive pourtant pas souvent ! Ha-ha, je plaisante. Non, je crois que vous avez de bonnes possibilités demain, si vous jouez comme vous savez le faire.
Supporter :	Ben, on verra bien. Si tu veux venir prendre un pot avec nous après le match, tu es bienvenu. On reviendra ici.
Nelson :	*Cheers!* (À la tienne !)
Supporter :	*Ta!*
Nelson :	*Ta* ?
Supporter :	Une autre manière de dire « merci ».
Nelson :	Je crois que j'ai besoin d'une autre bière.
Supporter :	Va au bar alors – c'est ta tournée !

DIALOGUE 2 – traduction :

Serveuse :	Oui, messieurs, qu'est-ce que je peux vous offrir ?
Supporter :	À quoi tu carbures, Nelson ? *(en anglais : quel est ton poison ?)*
Nelson :	Humm… tu veux m'empoisonner ?
Serveuse :	Non, mon vieux… qu'est-ce que tu veux boire ? Ils ont une bière blonde française si ça te dit.
Nelson :	Ah, ok. Non, je vais rester à la bière brune, merci. Il vaut mieux éviter de mélanger.
Supporter :	Sage décision. Deux pintes de *bitter* et trois de *stout*, s'il vous plaît.
Serveuse :	Ça vient tout de suite. Vous voulez autre chose ?
Supporter :	Oui, un paquet de chips au vinaigre et un paquet de cacahuètes, s'il vous plaît.
Serveuse :	Ok. J'ajoute ça à votre addition, monsieur ?
Supporter :	Non, je vais régler maintenant si c'est possible. Après on va bouger.
Serveuse :	Voilà, messieurs : trois Guinness, deux *bitter*, et les amuse-gueules. Le total s'élève à cinquante-six livres exactement, merci.
Nelson :	Est-ce que je peux payer ça, s'il te plaît ?
Supporter :	Non, mon vieux – merci de ton offre, mais tu es notre invité. En plus, tu as déjà invité à une tournée avant.
Nelson :	Eh bien, c'est très gentil, merci.
Supporter :	Qu'est-ce que je t'ai déjà dit, ne fais pas tant de cérémonies !
Nelson :	Ah, pardon : *cheers* (merci), mon vieux !
Supporter :	J'aime mieux ça, oui !
Serveuse :	Voici votre monnaie, monsieur, quatre livres. Merci beaucoup.
Supporter :	Gardez la monnaie. Merci.
Nelson :	*Cheers!* (merci !)

ÉTAPE 14

The adventures of e-Nelson

Les aventures d'e-Nelson

Mission...

Après avoir goûté aux joies du pub en compagnie de joueurs de rugby, aujourd'hui, Nelson, vous allez retrouver un groupe d'ados britanniques accros aux nouvelles technologies et aux réseaux sociaux.

Dialogue 1

Nelson: Hi, everyone. I'm really sorry I'm late.

Claire: Hey, Nelson, no worries. We were just hanging out.

Nelson: Great. I can see you've brought your mobiles and laptops and... and other machines.

Claire: Oh, the iPods, yeah. We couldn't manage without all our gadgets!

Nelson: I'm so sorry, I've only brought my mobile.

Claire:	That's OK. Don't worry about it. We can show you all our stuff now, then we can send each other messages later.
Nelson:	Cool. Right, well, I'm OK with sending basic emails and emergency texts, but that's about as far as it goes.
Claire:	What! So what do you do all day? How do you keep in touch with your mates?
Nelson:	Err, I meet them or phone them, I guess.
Claire:	Nelson! That's so 1980s! We need to sort you out with a Facebook page.
Nelson:	Oh, I do have one. It's just that I'm very busy and I don't always have time to update it.
Claire:	OK, well, we can show you loads of other applications. But first I'll send you a text so that you've got my number.

(Claire envoie le SMS.)

Nelson:	*(en lisant sur l'écran de son portable)* OMG U R on FB. C U L8R
Claire:	Ha-ha. Don't worry – I'll explain later.
Nelson:	Before I forget, can you take a photo of me with the rest of the group? I need it as a souvenir.
Claire:	Ah, you want a photo of your fan club! No problem. Has your phone got a camera?
Nelson:	Yes, I just bought it yesterday in London. My old one was prehistoric and weighed a ton.
Claire:	OK, here we go. We're all in. Say "cheese"!
Nelson:	Cheers!
Claire:	No, I ... oh, it doesn't matter.

Activité 1

Peu à peu, je m'initie aux nouveaux gadgets du XXIe siècle mais il semblerait que j'aie toujours un train de retard sur la jeunesse... À partir de l'échange qui précède, pouvez-vous dire si ces affirmations à mon sujet sont vraies ou fausses ?

1) Nelson has come with his mobile phone, laptop computer and iPod. **V / F**

2) Nelson prefers to keep in contact with his friends face to face or by phone. **V / F**

3) Nelson already has a Facebook page. **V / F**

4) Nelson understands the text message Claire sends him. **V / F**

5) Nelson's phone has a camera function. **V / F**

LANGUAGE NOTE

Des chiffres et des lettres

Soyons comme les *teenagers* ! En anglais, comme en français, on a tendance à utiliser des abréviations dans les SMS pour être brefs. On profite du fait que plusieurs lettres se prononcent comme des mots (par exemple « R U OK? » = « are you OK? »), et il en va de même pour certains chiffres (2 se prononce comme « to », 4 comme « for » et 8 comme « ate »). Voici de quoi vous initier au style télégraphique des SMS, version anglaise :

C U	See you	à plus tard
Spk 2 U L8R	Speak to you later	On se parlera plus tard
R U in	Are you in?	Tu es chez toi ?
I B L8	I'll be late	Je serai en retard
Txt me No	Text me the number	Envoie-moi le numéro par SMS
BBQ 2moro	Barbecue tomorrow	Barbecue demain
Pls	Please	S'il te/vous plaît
LOL	Laugh out loud / Lots of love	Je ris à voix haute / Grosses bises
OMG	Oh my God !	Oh mon Dieu !

Activité 2

Voici quelques SMS ; parviendrez-vous à les déchiffrer ?

1)

2)

3)

4)

C'est fait ? Alors, s'il vous plaît, aidez-moi à retrouver à quel SMS correspond chacune des traductions ci-dessous :

a) Je serai là dans dix minutes. ....

b) Peux-tu me téléphoner demain ? ....

c) Je te verrai ce soir a huit heures. ....

d) Tu as quelque chose de prévu pour aujourd'hui ? ....

LANGUAGE NOTE

Puisque, manifestement, on ne communique plus que par mail ou SMS et que l'on s'envoie des messages et autres photos instantanées à tout bout de champ, je vous propose de nous mettre au goût du jour ! Vous allez voir, *it's easy* !
I'll email/text you. *ou* I'll send you an email/a text.
Je t'enverrai un mail/un SMS.
I'll email/text you it. *ou* I'll email/text it to you.
Je te l'enverrai par e-mail/par SMS.

Activité 3

Alors maintenant, à vous de jouer. Faites comme dans l'exemple :
PHOTO > EMAIL > TOMORROW → I'll email you the photo tomorrow.

1) PHOTO > TEXT > THIS AFTERNOON → ………………………………………
2) NUMBER > EMAIL > LATER → ………………………………………
3) ADDRESS > EMAIL > AS SOON AS POSSIBLE → ………………………………………
4) NEWS > TEXT > VERY SOON → ………………………………………
5) SOME IDEAS > EMAIL > NEXT WEEK → ………………………………………
6) JOKE > TEXT > IN A FEW MINUTES → ………………………………………

Vous vous souvenez des « merci » en pagaille de l'étape précédente (*cf.* p. 63) ? Oui ? Alors, merci de rester à l'écoute car je vais maintenant revenir un peu sur les « je m'excuse » de notre Étape 4. Désolé de vous accabler avec ça mais les Britanniques sont réputés pour donner du sorry à tout bout de champ, même quand ils ne sont pas en tort (*cf.* p. 16). Pour preuve, j'avais évoqué l'exemple typique du Britannique A qui marche sur le pied du Britannique B… et c'est B qui s'excuse !

Dialogue 2

Vendeur: Yes sir, can I help you?
Nelson: Hello. I bought this mobile phone from you yesterday, and I'm not happy with it.
Vendeur: I'm sorry to hear that, sir. Did you sign up for a contract, or is it on pay as you go?
Nelson: Pay as you go.
Vendeur: OK, and what seems to be the problem, sir?
Nelson: Right, well, I've made some calls, and the volume seems to be very low, plus the instructions seem to be jumbled, in a mixture of languages.

Vendeur: Have you tried altering the settings and raising the volume control, sir?

Nelson: Yes, until I'm sick of it. Can't you set it up for me?

Vendeur: Well, we do that as standard, sir. I'm surprised you left the shop without one of my colleagues setting it up for you.

Nelson: So, you can fix it for me now?

Vendeur: Yes, of course, though it's nearly closing time. Can you leave it with me overnight?

Nelson: No! I need it this evening! I need to phone and text my fan club!

Vendeur: Your fan club, sir?

Nelson: Yes, look, here they are on this photo!

Vendeur: And these are your fans, sir?

Nelson: Yes.

Vendeur: You're not going to believe this, sir, but that's my sister Claire at the front. You must be Mr Monfort.

Nelson: That's right. Wow. I'm famous in England now! Does that mean I can get my phone fixed today?

Vendeur: I can do better than that, sir. I'll replace it for you – but don't tell the manager!

Nelson: Thanks very much – you're a star!

LANGUAGE NOTE

Je suis sûr que vous ne ferez rien au Royaume-Uni qui vous oblige à vous excuser, mais s'il faut le faire (attention aux pieds !) voici – plus en détail – tout ce dont vous aurez besoin. Observez quelle richesse dans les nuances de regret !

Sorry.	Désolé.
I'm sorry.	Je suis désolé.
I'm so sorry. / I'm very sorry.	Je suis vraiment désolé.
I'm sorry about the mess.	Excusez le désordre.
I'm sorry to hear that you're ill.	Je regrette d'apprendre que vous êtes malade.
I'm sorry for offending you.	Je m'excuse de vous avoir froissé.

Il est également utile de savoir quoi dire dans certaines situations où il peut y avoir une certaine confusion entre l'anglais et le français :

Situation	***En français***	***En anglais***
Vous voulez attirez l'attention de quelqu'un	Excusez-moi.	Excuse me.
Vous venez de heurter quelqu'un	Excusez-moi.	Sorry.
Vous voulez qu'on vous laisse passer	Excusez-moi.	Excuse me.
Vous n'avez pas bien entendu	Pardon ?	Pardon? Sorry? Excuse me? (USA)
Vous voulez vous excuser de quelque chose	Je m'excuse. Je suis désolé.	Sorry. / I'm sorry.

Activité 4

Il y a des moments où on a beau essayer de bien faire, on n'y arrive pas toujours. Écoutez le CD et décidez comment réagir à chaque situation, en choisissant entre « sorry », « excuse me » et « pardon ».

1) ………………………………

2) ………………………………

3) ………………………………

TRAINING TIP

Le langage des portables et celui des réseaux sociaux is constantly changing, my friends. Une seule constante : English is, unfortunately, the dominant force ! Une bonne idée pour vous maintenir au courant with linguistic innovations en matière de technology, c'est de modifier les paramètres de votre portable, on your Facebook page etc., from French to English (ne serait-ce que pour quelques heures !) et de noter comment on dit telle ou telle instruction in English. You can even send some texts and emails in English – tout en prenant une tasse de thé, naturally !

DIALOGUE 1 – traduction :

Nelson :	Salut, tout le monde. Je suis vraiment désolé d'arriver en retard.
Claire :	Salut, Nelson, t'inquiète. On ne faisait que buller.
Nelson :	Super. Je vois que vous avez apporté vos téléphones et ordinateurs portables et… et d'autres appareils.
Claire :	Ah, les iPods, ouais. On ne pourrait pas s'en tirer sans nos gadgets !
Nelson :	Je suis vraiment désolé, mais je n'ai apporté que mon téléphone portable.
Claire :	C'est bon, t'en fais pas pour ça. On peut te montrer tous nos trucs maintenant, et on pourra échanger des messages après.
Nelson :	Super. Bon, alors, je sais me débrouiller pour envoyer un mail ou un SMS en cas d'urgence, mais ça ne va pas plus loin.
Claire :	Quoi ? Mais alors qu'est-ce que tu fais de tes journées ? Comment est-ce que tu restes en contact avec tes potes ?
Nelson :	Euh, eh bien je les retrouve quelque part ou je les appelle.
Claire :	Nelson ! Ça fait tellement années 80 ! Il faut qu'on t'arrange ça avec une page sur Facebook !
Nelson :	Ah mais j'en ai une. C'est juste que je suis très occupé et que je n'ai pas toujours le temps de l'actualiser.
Claire :	OK. Alors, on peut te montrer un tas d'autres applications. Mais d'abord je t'envoie un SMS pour que tu aies mon numéro.

(Claire envoie le SMS)

Nelson : *(en lisant sur l'écran de son portable)* OMG UR on FB. C U L8R *[Oh, mon Dieu ! Tu es sur Facebook. À tout à l'heure !]*

Claire : Ha ha. Ne t'en fais pas. Je t'expliquerai plus tard.

Nelson : Avant que j'oublie, est-ce que tu peux me prendre en photo avec le reste du groupe ? J'en ai besoin comme souvenir.

Claire : Ah ! Tu veux une photo de ton fan club ! No souci. Tu peux prendre des photos avec ton portable ?

Nelson : Oui, je l'ai acheté hier à Londres. Celui que j'avais avant était antédiluvien et il pesait une tonne.

Claire : OK, allons-y. On y est tous. Un petit sourire ! *[en anglais on dit « say cheese » (dites « fromage »)]*

Nelson : Cheers ! *[Nelson confond avec « À la tienne ! »]*

Claire : Non, je … bah, ça n'a pas d'importance.

DIALOGUE 2 – traduction :

Vendeur : Oui, monsieur, vous désirez ?

Nelson : Bonjour. J'ai acheté ce portable dans votre magasin hier, et je n'en suis pas content.

Vendeur : Je suis désolé de l'apprendre, monsieur. Vous avez souscrit un contrat, ou vous utilisez une carte prépayée ?

Nelson : Une carte prépayée.

Vendeur : D'accord, et à votre avis quel est le problème, monsieur ?

Nelson : Bien, alors, j'ai passé plusieurs appels, et le volume semble très bas, et puis les instructions sont dans un mélange de différentes langues.

Vendeur : Avez-vous essayé de modifier les paramètres de votre téléphone et élever le contrôle du volume, monsieur ?

Nelson : Oui, jusqu'à ce que j'en ai eu marre. Vous pourriez me le configurer ?

Vendeur : En fait, normalement c'est fait de façon automatique, monsieur. Ça m'étonne que vous soyez sorti du magasin sans qu'on vous l'ait configuré.

Nelson : Alors vous pouvez me l'arranger maintenant ?

Vendeur : Oui, bien sûr, seulement nous allons bientôt fermer. Est-ce que vous pouvez me le laisser jusqu'à demain ?

Nelson : Non ! J'en ai besoin ce soir ! Il faut que j'appelle et que j'envoie des SMS à mon fan club.

Vendeur : Votre fan club, monsieur ?

Nelson : Oui, regardez, les voilà sur cette photo !

Vendeur : Et ce sont vos fans, monsieur ?

Nelson : Oui.

Vendeur : Vous n'allez pas le croire, monsieur, mais là c'est ma sœur Claire au premier rang. Vous devez être Monsieur Monfort.

Nelson : Oui, c'est bien ça. Waouh ! Je suis célèbre en Angleterre maintenant ! Est-ce que ça veut dire qu'on va me réparer mon portable aujourd'hui ?

Vendeur : Je peux vous offrir mieux que ça, monsieur. Je vous le remplace – mais ne le dites pas au patron !

Nelson : Merci beaucoup – vous êtes génial !

UNE INTERVIEW AVEC MON DOUBLE !

Pendant mon séjour outre-Manche, j'ai été interviewé par… mon double ! Comme moi, il anime une émission de télévision, et chose encore plus surprenante, il s'appelle Nelson Mystrong ! Il m'a invité à participer à son émission, et j'ai évidemment accepté : voilà comment ça s'est passé.

N. Mystrong Mesdames et messieurs, veuillez accueillir Nelson Monfort ! *(applaudissements)* Bonjour Nelson ! Ça va bien ?

N. Monfort Bonjour Nelson ! Ça va très bien, merci. Alors, Nelson, vous êtes aussi journaliste ?

N. Mystrong Euh, oui… c'est exact. Je présente cette émission depuis dix ans.

N. Monfort Dix ans ! *Ten years !* Messieurs dames, c'est impressionnant, non ? *(applaudissements)* Et comme moi vous devez rencontrer beaucoup de personnalités intéressantes, n'est-ce pas ?

N. Mystrong Oui, bien sûr. La semaine dernière, j'ai interviewé Harry Gaunt et Colin Farmer.

N. Monfort Harry Gaunt ? Moi aussi je l'ai interviewé ! Et ça s'est bien passé ?

N. Mystrong Euh… oui... La différence entre Harry et Colin est très intéressante. Harry avec son attitude très *high society*, et Colin avec sa réputation d'avoir fait les quatre cents coups. Mais Nelson, il faut que...

N. Monfort Pensez-vous que c'est dû à une différence de classe sociale ?

N. Mystrong Peut-être, oui. Mais les gens de la haute société peuvent eux aussi se conduire de manière... comment dire... malséante. N'oublions pas le passé de Harry ! Je n'en dirai pas plus.

N. Monfort Ha ha, oui. Il a eu des démêlés, n'est-ce pas ? Vous savez, le système de classes britannique est incompréhensible pour les Français. Vous pouvez nous éclairer là-dessus ?

N. Mystrong Sur le système de classes ? Pfff… impossible de l'expliquer, c'est quelque chose que l'on vit, vous comprenez ?

N. Monfort Pas tellement, non. Mais voyons, moi, par exemple, en tant que journaliste, je suis quoi ? classe moyenne ?

N. Mystrong Je ne sais pas… Les étrangers sont en quelque sorte exemptés de participer à toutes ces histoires.

N. Monfort Ah bon ? Alors tous mes efforts pour me faire passer pour un membre de la haute société auront été vains ? Les culottes de golf ? La tasse à thé en porcelaine ?

N. Mystrong Euh, ben, oui, je dirais que oui, des efforts parfaitement inutiles.

N. Monfort Mais la famille royale est allemande, n'est-ce pas ?

N. Mystrong Oui, vous avez raison. Mais… *(en chuchotant)* certains disent que la famille royale n'appartient pas à l'aristocratie mais à la bourgeoisie. Mais...

N. Monfort La reine Élisabeth ? Une bourgeoise ? Ouh là, mais alors ce n'est pas la peine de faire une révolution en Angleterre ! Bon, il est temps de rendre l'antenne. Merci de nous avoir accordé cette interview, Nelson.

N. Mystrong Mais, Nelson, c'est moi le présentateur ici !

N. Monfort Oh, excusez-moi ! La force de l'habitude ! *(applaudissements)*

À retrouver sur **www.berlitzeditions.fr**

ÉTAPE 15

What? No mountains?

Comment ça ? Pas de montagnes ?

Mission...

Aujourd'hui, Nelson, revenons au sport et à vos micros : vous allez interviewer le responsable de l'Association Britannique de Cyclisme, Ron Peddler, avant le Tour de Grande-Bretagne, qui commence cette semaine.

Dialogue 1

Ron Peddler:	Good morning. My name is Ron Peddler.
Nelson:	I'm Nelson Monfort.
Ron Peddler:	Pleased to meet you.
Nelson:	Great to see you. Thanks for agreeing to see me.
Ron Peddler:	Pleasure. Fancy a coffee?
Nelson:	Yes, please.
Ron Peddler:	How do you take it?
Nelson:	White, two sugars, please.
Ron Peddler:	Biscuit?
Nelson:	I shouldn't, but go on, then – twist my arm!

Activité 1

Plutôt accueillant ce Ron, vous ne trouvez pas ? Et que pensez-vous des affirmations suivantes ?

True or false? *Vraies ou fausses ?*

1) Nelson is happy to meet Ron. ………………
2) Nelson wants a cup of tea. ………………
3) Nelson takes his drink white, with three sugars. ………………
4) Nelson doesn't accept a biscuit. ………………

Activité 2

Pendant votre séjour dans les îles Britanniques, il y a de grandes chances que l'on vous propose du thé ou du café à toute heure. Pour répondre à ces fréquentes invitations, faites votre choix parmi les expressions suivantes et entraînez-vous à les dire à voix haute.

- *Apprenez d'abord à dire comment vous aimez prendre votre thé ou votre café :*

Black.
White.

No sugar.
One sugar.
Two sugars.

Extra strong / Industrial strength.
Just a dash of milk / a drop of milk.

- *Et si on vous propose un biscuit, soyez en mesure de l'accepter ou de le refuser :*

That's great, thanks.
Lovely, my favourite!
Go on then, just the one.

No, thanks.
I really shouldn't.
I'm trying to give them up.

Ces biscuits ronds fourrés à la confiture de prunes sont les fameux « Jammie Dodgers », biscuits archibritanniques s'il en est !

Dialogue 2

Nelson: Thanks very much for meeting me. I know you've got a lot on your plate this week.

Ron Peddler: It's a pleasure. Now, do you want to talk about cycling in general, or just about the Tour?

Nelson: I'm interested in the Tour. I've noticed that you use the French word.

Ron Peddler: Tour?

Nelson: That's right.

Ron Peddler: But it's an English word!

Nelson: Maybe, but it was originally French. Haven't you heard of 'le Tour de France'?

Ron Peddler: That's a good point. Anyway, the cyclists tour around the country, so I guess it's appropriate.

Nelson: It doesn't seem like very hard work. I mean... you haven't got any mountains, have you?

Ron Peddler: Well, we do have mountains, but I agree that the Tour de France is a more strenuous race.

Nelson: OK. What are your views on rider safety?

Le Col du Tourmalet ? le Col de la Madeleine ? Mais non. Du haut de ses 1344 mètres, le Ben Nevis, en Écosse, s'impose comme le plus haut sommet du Royaume-Uni. Pas plus impressionnés que ça ?

Ron Peddler: If you mean protective clothing, like a helmet, gloves and kneepads, then it's vital. This helmet, for instance, has been developed specially for this year's Tour.

Nelson: *(en revêtant la casque)* It's very comfortable. Can I keep it?

Ron Peddler: Errr, yes, OK.

Nelson: Nice one!

LANGUAGE NOTE

Pour indiquer que vous êtes d'accord

Yes.	Oui.
I agree (with you).	Je suis d'accord (avec vous).
That's right.	C'est ça. / C'est vrai.
You're right.	Vous avez raison.
Exactly. / Absolutely.	Exactement. / Absolument.
Spot-on.	Bien vu.

Pour indiquer que vous n'êtes pas d'accord

No.	Non.
Not at all.	Pas du tout.
Come off it!	Allez, arrête ton char !
That's wrong.	Ce n'est pas vrai.
You're wrong.	Vous avez tort.
You've got to be joking!	Non, tu plaisantes ?

Activité 3

Vous êtes encore d'attaque ? Alors cherchez dans le Dialogue 2 les mots/expressions qui signifient :

1) avoir beaucoup à faire ……………………………..
2) effectivement ……………………………..
3) trop fort ! ……………………………..

LANGUAGE NOTE

Observez bien ce qui se passe dans cette phrase :

You haven't got any mountains, have you?
Vous n'avez pas de montagnes, n'est-ce pas ? (sous-entendu *aucune*)

Vous voyez, ce n'est pas bien compliqué : pour exprimer « **n'est-ce pas ?** » en anglais, on utilise le même verbe que dans la phrase de départ (au même temps), mais il faut remplacer la forme affirmative par la forme négative correspondante, et vice-versa :

You **are** Ron Peddler, aren't you?
forme affirmative ***are*** → *forme négative* ***aren't***
He is not Ron Peddler, is he?
forme négative ***is not*** → *forme affirmative* ***is***

Activité 4

Saurez-vous en faire de même ? Alors complétez les phrases suivantes au moyen d'un très English « n'est-ce pas ».

1) That's a new cycling helmet, ______________ it?
2) He's on the Royal Mail cycling team, ______________ he?
3) You haven't got a pen, ______________ you?
4) She isn't from Ireland, ______________ she?
5) We don't know where we are, ______________we?
6) Ron has a funny name, ______________ he?

Activité 5

Et maintenant, pour vous détendre,amusez-vous à repérer l'intrus qui s'est glissé dans chaque liste de mots.

1) helmet	bike	kneepads	gloves
2) strenuous	appropriate	cycling	comfortable
3) agree	notice	seem	safety

Activité 6

Pour plaisanter, Ron Peddler s'est emparé de mon micro et s'est amusé à se présenter. Complétez ce petit speech au moyen des mots encadrés, puis lisez-le à voix haute.

My name is Ron Peddler. I'm the __________ of the British __________ Association. I'm __________ in cycling, of course, but also most other __________. Today I'm __________ coffee and __________ with Nelson Monfort.

having	***interested***	***Cycling***	***sports***	***biscuits***	***head***

TRAINING TIP

Pour moi, un excellent moyen to succeed in learning a foreign language c'est de prendre un personnage différent. Vous m'aurez sans doute vu à la télévision, but perhaps you've also seen mon ami Nicolas Canteloup, who imitates me à la perfection. Imagine you have an English character, et aussi un personnage français : il y aura des tics, des characteristics, that you do differently en chaque langue. Remember qu'il ne s'agit pas seulement de words : we need to adapt mentally and socially à l'autre langue. C'est comme ça qu'on become international !

Activité 7

Chacun ses goûts… Écoutez sur le CD les préférences de chacun et complétez le tableau.

	Without milk *Sans lait*	With milk *Avec du lait*	Number of sugars *Nombre de sucres*
David wants a cup of tea…	……………	……………	……………
Carol wants a coffee…	……………	……………	……………
Ann wants a coffee…	……………	……………	……………
Michael wants a tea…	……………	……………	……………

Activité 8

Et maintenant, je voudrais vous écouter un peu parler anglais. Répétez après moi ces mots et expressions des dialogues, en essayant de m'imiter (mon accent, pas ma voix !).

- thanks very much
- it's a pleasure
- that's right
- maybe
- that's a good point
- I guess
- can I keep it?
- nice one

Activité 9

Maintenant que vous êtes rodé, vous n'aurez aucun mal à réaliser cette activité. Un café (ou thé) vous attend à l'arrivée ! Comment dit-on en anglais :

1) Enchanté. ....
2) Ça vous dit, un café ? ....
3) Avec du lait, et deux sucres, s'il vous plaît. ....
4) Si vous insistez. ....
5) Merci beaucoup. ....

Dites les expressions anglaises à voix haute.

N'oubliez pas que la Grande-Bretagne (**Great Britain**, ou **Britain** tout court) comprend l'Angleterre (**England**), le Pays de Galles (**Wales**) et l'Écosse (**Scotland**). Si on y ajoute l'Irlande du Nord, on obtient alors le Royaume-Uni (**the United Kingdom**). Pensez-y : les Écossais, Gallois ou Irlandais peuvent s'offenser qu'on les prenne pour des « Anglais » !

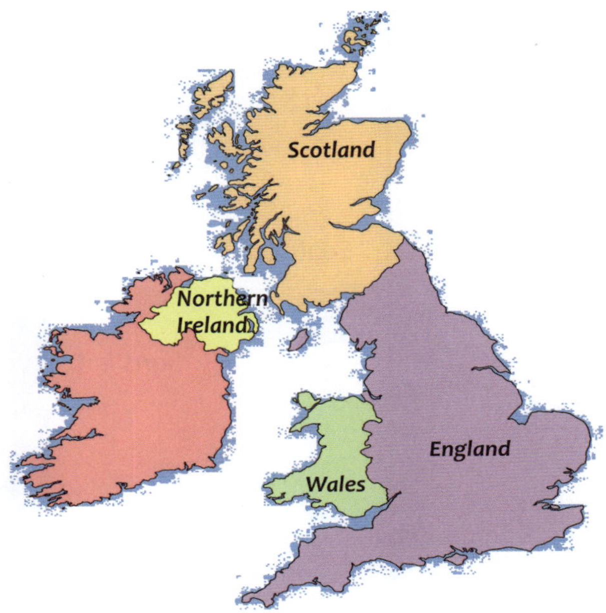

DIALOGUE 1 – traduction :

Ron Peddler :	Bonjour. Je m'appelle Ron Peddler.
Nelson :	Je suis Nelson Monfort.
Ron Peddler :	Enchanté.
Nelson :	Ravi de vous rencontrer. Merci de m'avoir accordé cet entretien.
Ron Peddler :	Je vous en prie. Ça vous dit, un café ?
Nelson :	Oui, merci.
Ron Peddler :	Comment est-ce que vous le prenez ?
Nelson :	Au lait, et avec deux sucres.
Ron Peddler :	Vous voulez un biscuit ?
Nelson :	Je ne devrais pas, mais allez, si vous insistez !

DIALOGUE 2 – traduction :

Nelson :	Merci beaucoup de me recevoir. Je sais que vous avez beaucoup à faire cette semaine.
Ron Peddler :	Je vous en prie. Alors, est-ce que vous voulez parler du cyclisme en général, ou seulement du Tour ?
Nelson :	Je m'intéresse au Tour. J'ai remarqué que vous utilisez le mot français.
Ron Peddler :	Tour ?
Nelson :	Oui, c'est ça.
Ron Peddler :	Mais c'est un mot anglais !
Nelson :	Peut-être, mais d'origine française. Vous n'avez pas entendu parler du Tour de France ?
Ron Peddler :	Effectivement. De toute façon, les cyclistes font le tour du pays, donc j'imagine que l'expression est appropriée.
Nelson :	Ça n'a pas l'air bien difficile. Je veux dire… vous n'avez pas de montagnes, n'est-ce pas ?
Ron Peddler :	Si, on a des montagnes, mais je suis d'accord avec vous, le Tour de France est une course plus ardue.
Nelson :	Bien, alors, qu'est-ce que vous pensez de la sécurité des cyclistes ?
Ron Peddler :	Si c'est aux accessoires de protection, comme le casque, les gants et les genouillères, que vous faites allusion, alors c'est d'une importance capitale. Ce casque, par exemple, a été spécialement conçu pour le Tour de cette année.
Nelson :	*(en revêtant le casque)* Il est très confortable. Est-ce que je peux le garder ?
Ron Peddler :	Euh… oui, d'accord…
Nelson :	Trop fort !

ÉTAPE 16 An English Eiffel Tower

Une tour Eiffel anglaise

Mission...

Quartier libre aujourd'hui, Nelson ! Vous êtes libre de passer la journée où vous voulez !

Dialogue 1

(Nelson a décidé d'aller à Blackpool et engage la conversation avec une dame dans le train.)

Femme: Cold, isn't it?

Nelson: Sorry?

Femme: Well, I mean, they said on breakfast telly it was going to be fifteen degrees, and it feels more like five to me.

Nelson: Yes, I suppose so. Well, it's not an exact science.
Femme: It's a scandal, that's what it is. Are you from Preston?
Nelson: No, a bit further away.
Femme: Ah, Manchester. Me too. Off to Blackpool, are you?
Nelson: Yes, that's right.
Femme: Yes, my daughter lives there, you know. She married a local lad. Nice chap. Electrician. They've got a dog, you know. Boxer.
Nelson: No, I'm a journalist.
Femme: Well, I never. I hope you're not going to write an article about me, heh-heh.
Nelson: No, I'm a very discreet person.
Femme: Crete? We went there on our holidays once, when Bert was alive. Far too hot. What do you reckon to Greece?
Nelson: I love it. I went to the Olympics there a few years ago. It was a great experience.
Femme: It's not England, though, is it?
Nelson: Greece?
Femme: Yes, Greece and Crete. All very foreign. You can't beat Blackpool for a decent holiday. It's got everything.
Nelson: Well, I, err… I've certainly heard good reports about it.
Femme: No need to go abroad. Ah, we're just coming into Blackpool. There's the tower, look. I think it's brightening up a bit.
Nelson: Yes, I think it is. Nice to meet you.
Femme: Lovely manners. Just like my Bert.

Activité 1

Quand on papote, on a tendance, en anglais comme en français, à utiliser des formulations abrégées, par exemple des phrases sans verbe. C'est ce qui se passait avec Sorry!*, qui revient à dire* I'm sorry! *La conversation que j'ai eue dans le train est truffée de petites phrases de ce genre. Pouvez-vous les relier à leur traduction ?*

1) Me too.	Vous allez à Blackpool ?
2) Cold, isn't it?	Pas besoin d'aller à l'étranger.
3) No need to go abroad.	Charmant.
4) Far too hot.	Un type bien.
5) Off to Blackpool?	Moi aussi.
6) Nice chap.	Tout ça est très étranger.
7) All very foreign.	(Il fait) pas chaud, hein ?
8) Lovely manners.	Beaucoup trop chaud.

Un petit brin de causette fait toujours du bien, vous ne trouvez pas ? J'ai remarqué que les Britanniques ont l'habitude de commencer une conversation – que ce soit, par exemple, à l'arrêt de bus ou dans le train – par une petite observation sur le temps. Cela fournit un bon prétexte pour se plaindre (une habitude qu'ils ont en commun avec les Français !) et cela permet d'éviter de parler de sujets potentiellement plus sensibles, comme la politique, la religion ou l'argent...

Activité 2

John

Susan

Peter

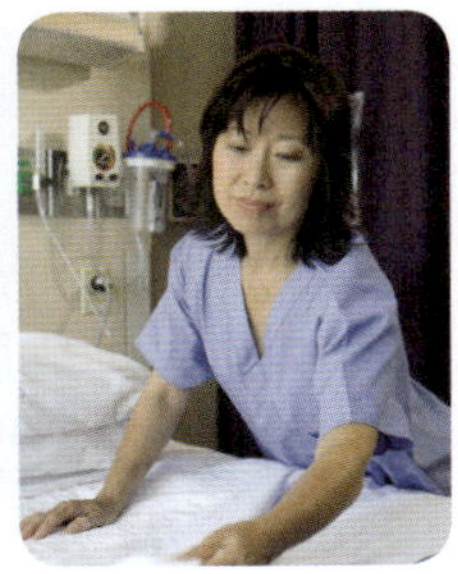

Elaine

Dans un pub de Blackpool, j'ai fait la connaissance de John, Susan, Peter et Elaine. Je me suis présenté à eux : Hi, my name is Nelson, I'm a journalist and I work in television. *Et ils ont fait de même. Pouvez-vous compléter leurs présentations ?*

1) Hi, I'm John. I'm ………………. and I work on a ………………. .

2) Hi, I'm Susan. I'm ………………. and I work in a ………………. .

3) Hi, I'm Peter. I'm ………………. and I work with ………………. .

4) Hi, I'm Elaine. I'm ………………. and I work in a ………………. .

NURSE BUILDER
TEACHER POLICEMAN

SCHOOL TRAFFIC
CONSTRUCTION SITE
HOSPITAL

LANGUAGE NOTE

Quand on rencontre quelqu'un, il n'est pas rare de lui demander dans quoi il ou elle travaille. En anglais, on peut dire what job do you do? mais on entend souvent what do you do for a living? Pour répondre à cette question, n'oubliez pas qu'en anglais on ne dit pas « je suis journaliste » mais, mot à mot, « je suis *un* journaliste », il faut donc penser à inclure l'article a : I am <u>a</u> journalist. Dans mon cas, je pourrais même dire I'm a journalist, a presenter, a music-lover, a linguist – in fact, I'm a jack of all trades (un touche-à-tout) !

Activité 3

Cette femme avait la langue plutôt bien pendue, au point qu'elle m'a un peu étourdi et je ne me souviens déjà plus très bien de ce qu'elle m'a raconté. Et vous ? Répondez par true *ou* false.

1) The woman thinks the weather is cold. ……………

2) Her daughter's husband is a journalist. ……………

3) She has been to Crete on holiday. ……………

4) Her husband was called Bert. ……………

5) She prefers Greece to Blackpool. ……………

Activité 4

Ça vous dit gagner du temps tout en perfectionnant votre vocabulaire ? Nous allons parler du temps qu'il fait, pour varier… Pour me faire gagner du temps, aidez-moi à compléter ces observations climatiques à l'aide des mots encadrés qui vous sont donnés ... Je vous donne un exemple :

-3°C	Freezing, isn't it?	+20°C	………………, isn't it?
+2°C	………………, isn't it?	+28°C	………………, isn't it?
+9°C	………………, isn't it?	+36°C	………………, isn't it?
+14°C	………………, isn't it?		

WARM
MILD
BOILING
COLD
CHILLY
HOT

TRAINING TIP

When I do an interview, il ne s'agit pas seulement pour moi de poser des questions, mais aussi to develop a relationship with, par exemple, un tennisman. Je n'ai souvent que two or three minutes to make my impression, donc il faut absolument que je mette mon interlocuteur à l'aise. A little bit of small talk, ou bavardage, is très utile à cet égard. Starting a conversation avec une remarque sur le temps qu'il fait is especially useful in the Wimbledon tennis championships in London, où il ne fait que pleuvoir !

Dialogue 2

Guide: Hello, sir, are you OK there?
Nelson: Yes, thanks. I'm just picking up a few leaflets about things to do in Blackpool.
Guide: Well, you've come to the right place. Here's the basic map – most of our visitors find it covers all they need.
Nelson: Thank you. What I really fancy doing is just walking around to get a feel for the place.
Guide: That's a good idea. You can see most of the main sights along the front, but it's nice to do your own thing too.
Nelson: Yes. I enjoy meeting the locals too. I had a lovely chat with a woman on the train on the way here.
Guide: Blackpool people are real characters. Did she make sense?
Nelson: Some of the time, yes.
Guide: And what do you think of the town so far?
Nelson: It's nice, but I don't think much of the weather.
Guide: Yes, it's a bit chilly today. If only we could book it in advance! Is there anything else I can get for you?
Nelson: Yes, actually, I need to get a little souvenir of Blackpool. Something I can carry easily.
Guide: What about one of these, then? They sell like hot cakes.
Nelson: A mini Eiffel Tower?
Guide: *Blackpool* Tower!
Nelson: Sorry, yes, of course. Blackpool Tower. It's very similar to…
Guide: Similar, maybe, but you get a much better view from the top here. Some people think these things are tacky, but personally I like them.
Nelson: OK, I'll take it. How much is it?
Guide: £4.99, sir.
Nelson: Here you are.

Vulgaire ou populaire ? À vous de juger !

Aviez-vous déjà entendu parler de Blackpool ? Cette station balnéaire de la côte nord-ouest de l'Angleterre est réputée pour sa joie de vivre et surtout ses enterrements de vie de garçon et de jeune fille. C'est également une destination très populaire pour de nombreuses familles qui y séjournent une ou deux semaines pour aller à la plage ou voir les attractions touristiques, parmi lesquelles la Tour est bien sûr la plus célèbre. L'adjectif tacky, qui signifie « kitsch », est maintenant couramment associé à la vie, à l'ambiance, aux activités et aux souvenirs de Blackpool.

LANGUAGE NOTE

Après un premier échange de courtoisie, vous voudrez peut-être demander et donner votre opinion – sur le temps, ou sur tout autre sujet propice à la conversation ! On en trouve quelques exemples dans les dialogues :

What do you think of the town? – It's nice.
What do you reckon to Greece? – I love it.

Voici quelques expressions très courantes qui vont vous permettre de demander à quelqu'un son opinion et de donner la vôtre :

What do you think **of/about** this car?	Que pensez-vous de cette voiture ?
What do you reckon **to** this car?	
I don't think much **of** it.	Je ne trouve pas ça terrible.
It's OK.	Ça va. / C'est bien.

Et n'hésitez pas à puiser aussi dans les expressions qu'on a vues ensemble à l'Étape 5 (p. 18) : I (don't) like, I hate, I quite like, I (don't) really like, I love *etc.*

Pour les malins

Et encore plus simple : vous pouvez toujours recourir à nice, petit mot passe-partout.

She's nice.	Elle est sympa.
It's nice today.	Il fait beau aujourd'hui.
It's a nice house/dress.	C'est une maison agréable/une jolie robe.
This pizza is nice.	Cette pizza est bonne.

Activité 5

Tout le monde a ses propres opinions, et je suis sûr que vous ne faites pas exception à la règle. Ici, vous avez carte blanche pour dire ce que vous pensez vraiment !

1) What do you think of the British weather? ....
2) What do you reckon to Blackpool Tower? ....
3) How do you feel about English grammar? ....
4) What do you think of technology? ....

Activité 6

Écoutez cet homme, pas nécessairement expert en la matière, donner son avis sur les vêtements qu'a acheté sa copine pour une fête d'anniversaire, et complétez le tableau.

	he hates it	***he doesn't really like it***	***he likes it***	***he loves it***
jacket				
shirt				
scarf				

DIALOGUE 1 – traduction :

(Dans le train à destination de Blackpool)

Femme : Il fait pas chaud, hein ?
Nelson : Pardon ?
Femme : Oui, je veux dire, à la télé ce matin ils ont annoncé qu'il allait faire 15 degrés, et j'ai plutôt l'impression qu'il fait cinq degrés.
Nelson : Oui, c'est possible. Mais bon, ce n'est pas une science exacte.
Femme : C'est scandaleux, voilà ce que c'est. Vous venez de Preston ?
Nelson : Non, un peu plus loin.
Femme : Ah, de Manchester. Moi aussi. Vous allez à Blackpool, n'est-ce pas ?
Nelson : Oui, c'est ça.
Femme : Oui, ma fille habite là-bas, vous savez. Elle s'est mariée avec un type du coin. Un type bien. Électricien. Ils ont un chien, vous savez. Un boxer.
Nelson : Non, je suis journaliste.
Femme : Ça alors ! J'espère que vous n'allez pas écrire un article sur moi, ha ha.
Nelson : Non, je suis une personne très discrète.
Femme : Crète ? On a passé des vacances là-bas une fois, quand Bert était encore en vie. Beaucoup trop chaud. Et vous, qu'est-ce vous pensez de la Grèce ?
Nelson : J'adore. J'y suis allé pour les Jeux olympiques, il y a quelques années. Ça a été une expérience magnifique.
Femme : Mais ça ne vaut pas l'Angleterre, n'est-ce pas ?
Nelson : La Grèce ?
Femme : Oui, la Grèce et la Crète. Tout y est très différent. Pour des vacances agréables, y'a pas mieux que Blackpool. Il y a tout ce qu'il faut.
Nelson : Euh, oui, je… j'ai effectivement eu de bons échos sur Blackpool.
Femme : Pas besoin d'aller à l'étranger. Ah, voilà, on arrive justement à Blackpool. Ça c'est la Tour, regardez. Je crois que ça se dégage un peu.
Nelson : Oui, je crois que vous avez raison. Ravi d'avoir fait votre connaissance.
Femme : Vous êtes fort aimable. Exactement comme mon Bert.

DIALOGUE 2 – traduction :

Guide : Bonjour, monsieur, vous avez besoin de quelque chose ?
Nelson : Non, merci. Je prends juste quelques prospectus sur ce qu'on peut faire à Blackpool.
Guide : Alors, vous êtes venu au bon endroit. Voici le plan d'ensemble – la plupart de nos visiteurs trouvent qu'il comprend tout ce dont ils ont besoin.
Nelson : Merci. J'ai surtout envie de me balader pour avoir une impression générale de la ville.
Guide : C'est une bonne idée. La plupart des attractions touristiques se trouvent sur le front de mer, mais c'est bien aussi d'aller à sa guise.
Nelson : Oui. J'aime aussi rencontrer les gens du coin. J'ai eu une conversation très agréable avec une dame dans le train en venant ici.
Guide : Les gens de Blackpool sont de sacrés personnages. Est-ce que vous arriviez à suivre ce qu'elle disait ?
Nelson : Par moments, oui.
Guide : Et qu'est-ce vous pensez de la ville jusqu'à présent ?
Nelson : C'est joli, mais je ne suis pas séduit par le temps.
Guide : Oui, il fait un peu frisquet aujourd'hui. Si seulement on pouvait réserver le temps à l'avance ! Désirez-vous autre chose ?
Nelson : Oui, justement, j'ai besoin de trouver un petit souvenir de Blackpool. Quelque chose que je puisse facilement transporter.
Guide : Pourquoi pas une de ces tours ? Elles se vendent comme des petits pains.
Nelson : Une mini Tour Eiffel ?
Guide : Mais c'est la Tour de *Blackpool* !
Nelson : Oh, pardon, bien sûr, la Tour de Blackpool. Elle ressemble beaucoup à…
Guide : Elle lui ressemble peut-être, mais la vue d'en haut est ici imprenable. Il y a des gens qui trouvent que c'est de la camelote, mais personnellement j'aime bien.
Nelson : OK, je la prends. C'est combien ?
Guide : 4,99 livres, monsieur.
Nelson : Tenez.

THE DAILY DIRT

Still only 50p   1er April   Special French edition

BIG BOB'S MASSIVE SPORTS SALE BALLS? – WE GOT 'EM

WHERE'S NELSON NOW?

Nelson Montfort « exhausted but happy »

Vous aurez sans doute remarqué que le célèbre journaliste et présentateur Nelson Monfort est absent du paysage audiovisuel français depuis quelques semaines. « *Where's Nelson now?* » clame le public hexagonal. : nous vous offrons la réponse, aujourd'hui, EN EXCLUSIVITÉ.

MISSION

Encouragé par France Télévisions, Nelson s'est engagé à visiter pendant un mois différentes régions du Royaume-Uni pour y interviewer des stars du monde de la culture, du sport et de la musique britanniques.

KNOWLEDGE IS POWER

Alors que sa mission s'achève dans quelques jours, nous avons voulu interviewer Nelson. L'interviewer interviewé s'est déclaré « *exhausted but very happy* » de ce voyage qui s'avère non seulement géographique mais aussi culturel, linguistique et intellectuel. « *I'm learning many things and meeting a lot of fascinating people* » a-t-il conclu. « À mon retour, je suis convaincu que j'aurai grandi grâce à ce séjour. C'est une occasion unique de partager des moments avec des champions et stars d'Outre-Manche, et j'ai même pu faire la connaissance de jeunes *Brits*, de m'initier à leur argot, à leurs nouvelles technologies et, comme on dit en anglais, à leur *joie de vivre*.J'ai appris beaucoup sur le sens britannique de l'ironie, et je suis heureux de confirmer que j'ai maintenant un fan club au Royaume-Uni. Je ne sais pas si les deux faits sont liés. »

AUGMENTATION DES VENTES DE SOUVENIRS

Le président de l'Association Britannique des Souvenirs Kitsch (BATS) a annoncé une augmentation des ventes réalisées au cours du mois dernier. Rupert Tack affirme que cette bonne nouvelle est sans doute due à « *l'effet Nelson* », selon lequel les Britanniques suivent le parcours du célèbre journaliste français et sont en train de comprendre l'importance d'avoir chez eux, par exemple, une mini Tour de Blackpool. « *Nelson is our hero* » s'est exclamé M. Tack, ajoutant que, grâce à l'augmentation des ventes, il ne sera désormais plus nécessaire d'envoyer des tonnes de souvenirs kitsch à la décharge.

PUBLICITÉ

~~ GÉNOISES Ponsonby Beaumont ~~

Commandez une délicieuse génoise, faite conformément à la recette recommandée par Nelson Monfort. Expédiée directement du Royaume-Uni par un authentique lord : www.genoisesponsonbybeaumont.com

PETITES ANNONCES

Étudiant, 19 ans, souhaite troquer sa collection de souvenirs sportifs contre d'autres objets kitsch, en particulier une bouée française. Contact : wanna-be-nelson@hotmail.com

« JE ME SUIS ÉVANOUIE QUAND J'AI RENCONTRÉ NELSON »

EXCLUSIF : Une jeune fille nous donne sa version d'un événement inoubliable. **VOIR PAGE 3**

ÉTAPE 17

Nelson makes waves

Nelson fait des vagues

Mission...

Aujourd'hui, Nelson, on reprend le travail, mais en douceur : vous allez interviewer Becky Fish, une célébrité qui s'apprête à traverser la Manche à la nage.

Dialogue 1

Nelson: Becky, hi. Welcome to Brighton beach. I'm sorry I'm a bit late – I fell asleep on the sofa in my hotel room! Too much travelling and too many interviews!

Becky: That's fine, Nelson, but I can't help noticing your err...

Nelson: My what?

Becky: Your clothes. Or, rather, your lack of clothes.

Nelson: Oh, the swimming trunks? Ha-ha. Well, I thought I should dress like this if you're about to start your Channel swim. Have you met Donald?

Becky: Donald?
Nelson: My inflatable rubber ring. He's a duck, you know: Donald Duck. Aren't you cold? Would you like a hot drink? One of the guys can get you a coffee.
Becky: Well, I shouldn't drink anything before the swim, but after seeing you in your trunks I think I need a gin.
Nelson: OK, I'll get that for you in a minute. So, tell me a bit about the project.
Becky: Well, it started a year ago when I met Greg Backstroke, the Olympic swimmer. We decided to do something for charity, and here I am.
Nelson: Have you done much preparation?
Becky: I've been training for three months, on and off, and I've also run a marathon and done lots of cycling.
Nelson: Phew!
Becky: Hmm?
Nelson: Sorry, that was Donald. So, you've done lots of training – how are you feeling?
Becky: Good. It's all gone very well. In fact, it's all gone swimmingly.
Nelson: Fantastic. Have you done anything like this before?
Becky: Not really. I've swum across various lakes, and I've climbed four mountains for charity, but I haven't done anything as challenging as this.
Nelson: How long will it take you, do you think?
Becky: Longer than the ferry! Well, I spoke to a guy from the Swimming Association last week, and he thinks I'll do it in eleven hours.
Nelson: Eleven! Wow! I think you need a drink.
Becky: That gin, for instance…
Nelson: Agh, sorry! I'm all at sea.
Becky: I see your jokes haven't improved, Nelson.

Comme Becky, les Britanniques adorent s'engager dans des défis fous pour aider des associations caritatives à collecter de l'argent. Celles-ci sont très actives au Royaume-Uni. Deux d'entre elles captent tout particulièrement l'attention des Britanniques : « Comic Relief », qui utilise la comédie pour collecter des fonds, et « Children in Need », qui s'efforce d'aider les enfants. Elles organisent chaque année ou tous les deux ans un spectacle télévisuel, auquel participent beaucoup de vedettes du monde de la musique, de la télévision, de la comédie et de la culture.

Activité 1

Pendant mon interview avec Becky, j'ai griffonné rapidement sur un papier les chiffres qu'elle m'a donnés, mais mon écriture n'est malheureusement pas aussi bonne que ma mémoire ! Pouvez-vous me corriger ?

1) Becky met Greg Backstroke <u>two</u> years ago. → ....
2) She has been training for <u>four</u> months. → ....
3) She has climbed <u>nine</u> mountains. → ....
4) The swim will take <u>twelve</u> hours. → ....

LANGUAGE NOTE

Qu'est-ce que vous *avez fait* ce matin ? Vous *avez dormi* ? Vous *avez revu* un peu votre anglais ? Là, je vous pose des questions au passé composé. Eh bien en anglais, on l'emploie pour parler de ce qu'on vient de faire, comme si on en faisait un résumé, mais sans préciser quand. Par exemple :

What **have** you **done** today?	Qu'est-ce que vous avez fait aujourd'hui ?
I**'ve finished** my work.	J'ai terminé mon travail.
I **haven't finished** my work.	Je n'ai pas terminé mon travail.
I**'ve watched** a film.	J'ai regardé un film.
I **haven't watched** a film.	Je n'ai pas regardé de film.

C'est plutôt facile, vous ne trouvez pas ? Un peu comme en français (une fois n'est pas coutume) ! Remarquez les formes abrégées, très utilisées à l'oral, et même à l'écrit :

I **have** (I**'ve**) finish**ed.**	J'ai terminé.
You **have** (You**'ve**) finish**ed.**	Tu as terminé.
He/She/It **has** (He**'s**/She**'s**/It**'s**) finish**ed.**	Il/Elle a terminé/Ça s'est terminé.
We **have** (We**'ve**) finish**ed.**	Nous avons terminé.
You **have** (You**'ve**) finish**ed.**	Vous avez terminé.
They **have** (They**'ve**) finish**ed.**	Ils/Elles ont terminé.

Activité 2

1) Wash the dishes ✓
2) Clean the bathroom ✓
3) Prepare the vegetables for lunch ✗
4) Phone Uncle Tom ✓
5) Interview Becky Fish ✓
6) Listen to the news on the radio ✗

Have you done the tasks on the list? *Avez-vous fait tout ce que vous vouliez faire ? Regardez la liste ci-dessus et écrivez ce que vous avez – et n'avez pas – fait. Attention ! Inutile de tricher,* Big Nelson is watching you *!*

1) ………………………………………………………………
2) ………………………………………………………………
3) ………………………………………………………………
4) ………………………………………………………………
5) ………………………………………………………………
6) ………………………………………………………………

LANGUAGE NOTE

Malheureusement, même en anglais – langue pourtant réputée pour sa grammaire plutôt « digeste » – il y a quelques irrégularités qui, comme dans toutes les langues, concernent les verbes les plus courants... En voici quelques-uns dont vous allez avoir besoin :

faire to do → I've done

acheter to buy → I've bought

avoir to have → I've had

être to be → I've been

rencontrer to meet → I've met

parler to speak → I've spoken

Activité 3

1) 
to do the washing-up

2) 
to buy the food

3) 
to meet the new client

4) 
to speak to the boss

5) 
to be ill

6) 
to have some good news

Que de choses en une journée ! À partir des photos ci-dessus, dites ce que vous avez fait (ou ce qui est arrivé) aujourd'hui.

1) ……………………………………………

2) ……………………………………………

3) ……………………………………………

4) ……………………………………………

5) ……………………………………………

6) ……………………………………………

LANGUAGE NOTE

On vient donc de voir en quoi le passé composé anglais peut nous servir à parler de ce qu'on a fait aujourd'hui. Mais pour continuer sur notre lancée, sachez qu'on peut aussi l'utiliser pour parler de choses qu'on a faites dans le passé (un terrain potentiellement miné !), notamment nos réussites et exploits de toute sorte :

Have you ever **run** a marathon?
Avez-vous déjà participé à un marathon ?

Yes, I**'ve run** three marathons.
Oui, j'ai participé à trois marathons.

Have you ever **been** to India?
Êtes-vous déjà allé en Inde ?

No, I**'ve** never **been** to India.
Non, je ne suis jamais allé en Inde.

Activité 4

Intéressons-nous à vous maintenant. Répondez par oui ou non aux propositions suivantes. Par exemple :

PLAY > AMERICAN FOOTBALL → Yes, I've played American football.

CLIMB > EIFFEL TOWER → No, I've never climbed the Eiffel Tower.

À vous :

1) MEET > A FAMOUS PERSON → ……………………………………………………

2) HAVE > A BABY → ……………………………………………………

3) BUY > A HOUSE → ……………………………………………………

4) BE > UNHAPPY → ……………………………………………………

5) DO > AN IMITATION OF NELSON → ……………………………………………………

TRAINING TIP

Il y aura sans doute des moments when you're learning English, où vous serez stressés et penserez qu'il n'y a pas de solution to your problems. I remember mes premiers Jeux olympiques d'Hiver, in Albertville in 1992 when, cinq minutes avant mon intervention, I was trapped behind une porte coincée in a temporary public toilet – la serrure avait gelé ! But I didn't panic – j'ai pu en sortir juste à temps, à coups de pied, and my commentary was perfectly professional. C'est la même chose avec les difficultés linguistiques – a moment of reflection, and there is always a solution!

Dialogue 2

Nelson: Becky! You've made it! Congratulations, and welcome to France!
Becky: Give me a minute, Nelson. I've swum for eleven hours!
(Becky sort de l'eau)
Nelson: Sorry. Here's a towel. Let me take your goggles.
Becky: You can keep them. I don't want to see them ever again!
Nelson: Thanks, they can be my souvenir.
Becky: Have you come by ferry?
Nelson: Yes, but I'm embarrassed to admit it, after all your effort. How are you feeling?
Becky: I'm knackered. I was OK until the last hour, then I started to get cramp.
Nelson: You've done really well. I get exhausted just swimming across the pool when I'm on holiday.

Becky: Well, I'm glad I did all the training. Basically I was fit, but it's a heck of a long distance.

Nelson: What was the worst moment?

Becky: I had to dodge a ferry after about four hours.

Nelson: Sorry – that was probably me.

Becky: It's OK. I forgive you.

Nelson: Were there any good moments?

Becky: Funnily enough, yes. Several people shouted encouragement from boats passing by. At least, I think it was encouragement!

La Manche… Bel endroit pour une baignade, n'est-ce pas ?

Nelson: I'm sure it was. So, how much money have you raised?

Becky: I had five thousand pounds when I left Dover, but one of the guys in the support boat with a laptop said there have been some fresh donations during the swim.

Nelson: That's brilliant. So over five thousand?

Becky: Nearly six, apparently.

Nelson: You must be so happy.

Becky: Yes, I'm chuffed. I'm over the moon. But I'll be even happier when you get me that gin.

Chez nos voisins, traverser la Manche à la nage est devenu de plus en plus populaire, et des centaines de personnes l'ont déjà fait. Dans le contexte des activités réalisées par des organisations caritatives telles que Children in Need ou Comic Relief, des célébrités britanniques se sont entraînées et ont réussi à faire la traversée. C'est le cas par exemple de la star du programme de télévision « Little Britain », l'humoriste David Walliams, qui a traversé les 35 kilomètres en 10 heures et 34 minutes – une demi-heure de moins que Becky Fish !

Activité 5

True or false ?

1) Becky has taken twelve hours to swim the Channel. ……….
2) Nelson has crossed the Channel by plane. ……….
3) Becky suffered from cramp during the crossing. ……….
4) She nearly collided with a ferry. ……….
5) She has raised nearly six thousand pounds. ……….
6) She is not very happy at the end of the dialogue. ……….

LANGUAGE NOTE

Avez-vous remarqué dans cette seconde interview quand Becky, épuisée, m'a dit : **I've swum** for eleven hours, c'est-à-dire *Je **nage** depuis onze heures* ? En effet, en anglais, on emploie le present perfect qui est en quelque sorte l'équivalent de notre passé composé qu'on emploie pour exprimer ce qu'on a fait (et continue à faire) pendant une période ou depuis un moment déterminé :

How long **have you lived** in Paris? Depuis quand habitez-vous à Paris ?
I've lived in Paris for six months. [PÉRIODE] J'habite à Paris depuis six mois.
I've lived in Paris since 2007. [MOMENT] J'habite à Paris depuis 2007.

Activité 6

Écoutez sur le CD Mark et Anna nous parler d'eux, et complétez ce tableau avec les dates ou périodes qui correspondent :

	since...	**for...**
Mark has lived in his house		
Mark has studied Spanish		
Anna has lived in London		
Anna has studied Italian		

Activité 7

Maintenant à vous de me dire depuis quand vous faites les choses suivantes :

1) [LIVED IN THIS HOUSE] ....
2) [STUDIED ENGLISH] ....
3) [OWNED A MOBILE PHONE] ....
4) [USED A COMPUTER] ....
5) [SHOPPED ONLINE] ....

LANGUAGE NOTE

Ne vous étonnez pas si à une question posée au present perfect (**Have you cleaned** the bathroom ? *Est-ce que tu as nettoyé la salle de bains ?*), on répond par le simple past équivalent du passé simple (Yes, **I cleaned** it this morning. *Oui, je l'ai nettoyée ce matin*). Ça s'explique tout simplement par le fait que dans la réponse on précise normalement *quand* on a fait (quand on « fit ») telle ou telle chose :

I did it five minutes ago. *Je l'ai fait il y a cinq minutes.*
I arrived yesterday. *Je suis arrivé hier.*
I saw her last week. *Je l'ai vue la semaine dernière.*

LANGUAGE NOTE

Pour compléter votre kit de survie, je voudrais ajouter ces quelques verbes très courants et pas très réguliers (dont vous n'allez pas tarder à avoir besoin) à ceux qu'on a déjà vu précédemment :

	Simple past	*Present perfect*
voir to see	I saw	I've seen
manger to eat	I ate	I've eaten
écrire to write	I wrote	I've written
boire to drink	I drank	I've drunk
dormir to sleep	I slept	I've slept

Activité 8

À présent, réécrivons un peu votre passé, sur le mode du rêve (au programme, passé d'écrivain et hôtel 5 étoiles…). Répondez aux questions, comme dans l'exemple.

Have you seen my sister? → Yes, I saw her this morning.

1) Have you ever eaten in an elegant restaurant? Yes, …………………………………… last week.
2) Have you ever written a novel? Yes, …………………………………… ten years ago.
3) Have you ever drunk champagne? Yes, …………………………………… at a party last year.
4) Have you ever slept in a five-star hotel? Yes, …………………………………… last night.

LANGUAGE NOTE

Vous êtes toujours partant ? Non ? Vous êtes arrivé à saturation ? Vous cherchez des excuses pour vous dérober à mes leçons magistrales ? Dans ce cas, piochez parmi ces expressions, qui vous seront bien utiles pour dire que vous n'êtes pas d'attaque aujourd'hui.

Pour dire que vous êtes crevé :
I'm shattered/knackered. / I'm done in. / I'm worn out. / I'm dead beat.
Pour dire que vous êtes patraque :
I feel (a bit) peaky/queasy/dodgy/iffy.
Pour dire que vous avez ras-le-bol :
I'm fed up. I'm cheesed off. I'm sick and tired.

Activité 9

Allez, un dernier petit effort. Écoutez Mark et Anna se plaindre. Que leur arrive-t-il ? Ils sont épuisés ? Ou peut-être en ont-ils assez ? À moins qu'ils ne se sentent pas dans leur assiette ? Sélectionnez la bonne réponse.

1) Mark est *fatigué/en a assez/ne se sent pas bien.*
2) Anna est *fatiguée/en a assez/ne se sent pas bien.*

DIALOGUE 1 – traduction :

Nelson :	Becky, bonjour. Bienvenue sur la plage de Brighton. Excusez-moi, je suis un peu en retard – je me suis endormi sur le canapé de ma chambre d'hôtel ! Trop de voyages et trop d'interviews !
Becky :	C'est très bien, Nelson, mais je ne peux pas m'empêcher de remarquer votre, euh…
Nelson :	Mon quoi ?
Becky :	Vos vêtements. Ou plutôt le peu de vêtements que vous portez.
Nelson :	Ah, le maillot de bain ? Ha-ha. Eh bien, j'ai pensé que je devais m'habiller comme ça sachant que vous êtes sur le point de commencer votre traversée de la Manche à la nage. Vous connaissez Donald ?
Becky :	Donald ?
Nelson :	Ma bouée. C'est un canard, vous savez : Donald Duck, le canard Donald. Vous n'avez pas froid ? Est-ce que vous voulez une boisson chaude ? L'un de ces messieurs peut aller vous chercher un café.
Becky :	Euh… je ne suis pas censée boire avant de nager, mais après avoir vu votre maillot de bain, je crois que j'ai besoin d'un gin.
Nelson :	OK, on vous apporte ça dans un instant. Alors, parlez-moi un peu de ce projet.
Becky :	Eh bien, ça a commencé il y a un an quand j'ai fait la connaissance de Greg Backstroke, le nageur olympique. On a décidé de faire quelque chose pour les œuvres de bienfaisance, et voilà où j'en suis.
Nelson :	Vous êtes-vous beaucoup préparée ?
Becky :	Je m'entraîne depuis trois mois, par intermittence, et j'ai aussi participé à un marathon et fait beaucoup de cyclisme.
Nelson :	Ouf !
Becky :	Hmm ?
Nelson :	Pardon, c'était Donald. Alors, vous vous êtes beaucoup entraînée – comment vous sentez-vous ?
Becky :	Bien. Tout s'est très bien passé. En fait, tout a été comme sur des roulettes.
Nelson :	C'est formidable. Aviez-vous déjà fait quelque chose de semblable auparavant ?
Becky :	Pas vraiment. J'ai traversé plusieurs lacs à la nage, et j'ai escaladé quatre montagnes pour des œuvres de bienfaisance, mais je n'ai jamais accepté un défi comme celui-ci.
Nelson :	Et vous avez une idée du temps que cela va vous prendre ?
Becky :	Plus longtemps que par le ferry ! Bon, la semaine dernière j'ai parlé à un type de l'Association de Natation, et il pense que ça va me prendre onze heures.
Nelson :	Onze ! Waouh ! Je crois qu'un petit quelque chose à boire vous fera du bien.
Becky :	Ce gin, par exemple…
Nelson :	Oh, pardon ! Je nage complètement *(en anglais, « je suis complètement à la mer »)*…
Becky :	Je vois que vous avez toujours le sens de l'humour, Nelson.

DIALOGUE 2 – traduction :

Nelson :	Becky ! Vous avez réussi ! Félicitations, et bienvenue en France !
Becky :	Donnez-moi une minute, Nelson. Je nage depuis onze heures ! *(Becky sort de l'eau)*
Nelson :	Pardon. Tenez, une serviette. Laissez-moi prendre vos lunettes de plongée.
Becky :	Vous pouvez les garder. Je ne veux plus jamais les revoir !
Nelson :	Merci, ce sera mon souvenir.
Becky :	Vous êtes venu en ferry ?
Nelson :	Oui, mais je suis gêné de l'admettre, après tous les efforts que vous avez faits. Comment vous sentez-vous ?
Becky :	Je suis crevée. Ça allait bien jusqu'à la dernière heure, quand j'ai commencé à avoir une crampe.
Nelson :	Vous vous êtes très bien débrouillée. Moi, je m'épuise rien qu'en nageant dans la piscine quand je suis en vacances.
Becky :	En fait, je suis contente d'avoir fait tout cet entraînement. J'étais globalement en forme, mais c'est une sacrée distance.
Nelson :	Quel a été le pire moment ?
Becky :	J'ai dû esquiver un ferry au bout de quatre heures.
Nelson :	Désolé – ça devait être le mien.
Becky :	C'est bon. Je vous pardonne.
Nelson :	Est-ce qu'il y a eu des bons moments ?
Becky :	Curieusement, oui. Plusieurs personnes qui passaient en bateau m'ont crié des mots d'encouragement. Enfin, je crois que c'était pour m'encourager !
Nelson :	Bien sûr que oui. Alors, quelle somme d'argent avez-vous collectée ?
Becky :	Quand j'ai quitté Douvres j'avais 5000 livres, mais un des types avec un portable dans le bateau de soutien a dit qu'il y a eu de nouveaux dons pendant la traversée.
Nelson :	C'est génial. Plus de 5000 livres, alors ?
Becky :	Presque six, apparemment.
Nelson :	Vous devez être tellement contente.
Becky :	Oui, je suis vachement contente. Je suis aux anges. Mais je serai encore plus contente quand vous me donnerez ce fameux gin.

ÉTAPE 18

It just isn't cricket!

Ça ne se fait pas !

Mission...

Votre séjour arrive à son terme, Nelson. Pour votre dernier jour en Grande-Bretagne, nous vous proposons une petite incursion dans le monde mystérieux du cricket, dans le tout petit village de Great Thwack. Enjoy!

Dialogue 1

Nelson:	OK. I'm on the village green with the Great Thwack team. Now, can someone please explain to me how this works?
Monty Strauss:	Well, Nelson, we've won the toss and we're going to bat first. Little Thwack are our arch-rivals. We have to beat them this time – our honour depends on it!
Nelson:	So, how are we going to do that?

Monty Strauss: OK, well, you're batting first.
Nelson: Oh. Are you sure about that?
Monty Strauss: You'll be fine. Anyway, you're going to stand over there...
Nelson: Here?
Monty Strauss: Yes. You're going to stand there, and Andy is going to stand over here. OK?
Nelson: Yes. I think so.
Monty Strauss: Right. Then, all you have do is hit the ball and then run when we shout 'run!'.
Nelson: That's it? Oh, well that seems straightforward enough.
Monty Strauss: It's easy. So, are we going to beat Little Thwack?
Nelson: Yes!
Monty Strauss: And are we going to win the trophy?
Nelson: *(excité)* YES!
Monty Strauss: And...
(Il commence à pleuvoir, et les joueurs quittent le terrain.)
Nelson: Hang on! Where are they all going?
Monty Strauss: It's raining. We don't play when it's raining. We'll go inside and drink tea.
Nelson: Ah. That explains why the Australians always win!

LANGUAGE NOTE

Hélas, mon séjour outre-Manche se termine aujourd'hui, et mon agenda est déjà rempli. Mais avant de parler du futur, faisons un petit détour par le passé, par ce que vous avez déjà vu précédemment dans ce livre. Voyons, rafraîchissez-vous un peu la mémoire ! En anglais, pour parler de projets, on emploie souvent going to. Pourriez-vous en trouver quelques exemples dans mon échange avec Monty Strauss ?

En fait, c'est simple : pour parler du futur en anglais, on emploie :
- will, pour ce qu'on décide en suivant l'impulsion du moment.
- going to pour les projets qu'on n'écrirait pas dans son agenda (comme par exemple la stratégie d'un match).
- am/is/are + -ing pour les rendez-vous fixes, ou les projets qu'on pourrait noter quelque part (par exemple, l'ordre des batteurs dans un match).

Il faut reconnaître que la différence entre les deux derniers cas n'est pas toujours évidente ; dans ces cas-là, vous pouvez employer l'une ou l'autre forme sans problème.

Activité 1

Maintenant, on va voir à quel point Monty se montre stratège, et à quel point il improvise ! Dans chaque cas, choisissez la bonne réponse pour indiquer ce qui se passe dans la phrase du dialogue.

1) You're batting first.
a. *quelque chose que Monty décide sur le moment.*
b. *une stratégie que Monty me suggère pour bien jouer.*
c. *un projet que Monty a établi avant le match.*

2) You'll be fine.
a. *quelque chose que Monty décide sur le moment.*
b. *une stratégie que Monty me suggère pour bien jouer.*
c. *un projet que Monty a établi avant le match.*

3) You're going to stand there.
a. *quelque chose que Monty décide sur le moment.*
b. *une stratégie que Monty me suggère pour bien jouer.*
c. *un projet que Monty a établi avant le match.*

Qu'est-ce que c'est compliqué, le cricket ! Si les règles du jeu peuvent paraître pour le moins ésotériques aux non-initiés, toujours est-il que ce sport est réputé pour les qualités de stratégie et de psychologie qu'il requiert. Figurez-vous qu'un match peut durer jusqu'à trois jours, voire cinq jours dans le cas d'un test match (jeu international). Remarquez, ça ne m'étonne pas plus que ça : un jour pour comprendre les règles, un jour pour attendre que la pluie cesse, et un jour (ou cinq…) pour le cricket ! Sans compter que cela se termine souvent en match nul !

Activité 2

Observez les personnes représentées dans les photos ci-dessous. Elles ont toutes des projets mais ne savent pas nécessairement les formuler en anglais. Pouvez-vous les aider en choisissant à chaque fois la phrase la plus appropriée ?

1)

a. This year, we're going to Greece. We bought the tickets last week.
b. This year we'll go to Greece. We bought the tickets last week.

2) 

a. Oh, it's lovely – I'll buy it!
b. Oh, it's lovely – I'm buying it!

3) 

a. I'd better hurry – I'm going to catch the 9.15 flight.
b. I'd better hurry – I'll catch the 9.15 flight.

Activité 3

J'ai donc tout un tas de rendez-vous dès mon retour en France. Vu que vous m'avez déjà donné un coup de main à une autre étape de mon voyage, je vous propose de redevenir, le temps d'une activité, mon assistant. C'est parti ? Bon, écoutez-moi vous expliquer ce que j'ai à faire la semaine prochaine et vous vous chargez de noter tout ça dans mon agenda.

Ce sont décidément de drôles d'oiseaux, ces Anglais, pour inventer un jeu qu'on ne peut pas jouer sous la pluie ! Le cricket est pourtant l'un de leurs sports favoris, et beaucoup de villages, même les plus petits, ont leur équipe. Au cours de mes voyages, j'ai pu constater que ce jeu typiquement anglais est également pratiqué dans de nombreux pays du Commonwealth. En Inde et au Pakistan, par exemple, c'est un sport extrêmement populaire, qui déchaîne véritablement les passions. Si vous vous trouvez en Angleterre (ou bien aux antipodes, dans le sous-continent indien, dans les Antilles ou en Afrique du Sud), pourquoi ne pas essayer de voir un match – dans un petit village ou bien sur l'un des célèbres terrains de cricket tels que le Lord's à Londres ou le Gabba à Brisbane ? Vous aurez alors l'occasion de vous familiariser avec certaines des étonnantes appellations utilisées pour désigner la position des joueurs sur le terrain : third man (mot à mot « troisième homme »), short leg (« jambe courte »), fine leg (« bonne jambe ») ou encore silly point (« point stupide »)…

Dialogue 2

Nelson: Well, it's still raining, so we're in the pavillion having tea. Monty, you must get through a lot of tea in the cricket season?

Monty Strauss: Oh yes. We're helping our relations with the Commonwealth, you see. They export tea to us, and beat us at cricket.

Nelson: But we get to eat all these nice cakes. What's this?

Monty Strauss: It's a scone. A sort of cake. We eat them with jam and clotted cream.

Nelson: Delicious. But the England team can't eat too many of these, can they?

Monty Strauss: Oh, the odd one I expect.

Nelson: Now, Monty, you never really explained the rules to me, did you?

Monty Strauss: No. Don't worry too much. It looks as if it's going to rain all afternoon. And the rules are kind of complicated.

Nelson: Yes, it does seem a bit complicated. When do you start playing cricket at school?

Monty Strauss: Oh, I'm not sure. About the age of 11ish? It depends on the school. Anyway, we have a small gift for you, a souvenir of the match that never took place.

Nelson: Oh, thank you. Some cricket pads. That's very kind!

Monty Strauss: Now you'll be able to start your own team in France.

Nelson: Yes, but I'll need to figure out the rules first! I'm not sure if I'll have the time to do that before I retire!

À défaut de monter toute une équipe de cricket en France, je pourrais peut-être les utiliser pour jouer au hockey sur glace, la prochaine fois que je vais au Canada ?

LANGUAGE NOTE

J'ai passé toute la journée avec l'équipe de Great Thwack, mais je ne comprends toujours pas les règles du cricket. Il faut reconnaître que les explications de Monty n'ont pas été des plus claires. C'est d'ailleurs quelque chose que j'avais déjà remarqué auparavant : en anglais, il est très facile de s'exprimer de manière imprécise, ce qui peut paraître surprenant sachant que la langue anglaise a par ailleurs un vocabulaire plus étendu qu'aucune autre... Allez comprendre ! Si vous aussi voulez rester plus ou moins évasif, vous pouvez piocher parmi ces mots et expressions, tous extrêmement courants :

sort of / kind of	un peu / plutôt	around / about	environ / à peu près
stuff	des trucs	the odd	un on deux
and so on / and so forth	et ainsi de suite	a couple of	deux ou trois
		loads of	des tas de

Pour les malins

Pour rester dans l'approximation, vous pouvez aussi ajouter -ish à la fin d'un mot : c'est un peu l'équivalent de notre suffixe « -âtre », donc « bleuâtre » ça donne blueish. Mais en anglais, son emploi est beaucoup plus étendu. Par exemple :

- **avec des nombres :**

I'll be there at two**ish**.	Je serai là vers 14 heures.
How old is he? – Thirty**ish**.	Quel âge a-t-il ? – Il a dans les 30 ans.

- **avec d'autres adjectifs :**

It's cold**ish** today.	Il fait un peu frisquet aujourd'hui.
The film was good**ish**.	Le film était pas mal.

- **voire tout seul !**

Do you like fish? – **Ish**.	Tu aimes le poisson ? – Bof.
Was the party good? – **Ish**.	C'était bien la fête ? – Pas mal.

C'est plutôt ingénieux, vous ne trouvez pas ?

Activité 4

Mais vous et moi, on travaille dans la précision, n'est-ce pas ? Alors pouvez-vous retrouver dans mon dernier échange avec Monty les expressions exactes que nous avons utilisées… pour être imprécis ?

1) ....

2) ....

3) ....

4) ....

Il y a un petit mot passe-partout très utilisé, c'est like, qui équivaut à peu près à notre « euh ». Par exemple, vous pourrez entendre dire « I was, like, really tired so I stayed at home and like watched TV » *(J'étais genre trop fatigué, alors j'suis resté chez moi et genre j'ai regardé la télé)*, ce qui revient à dire « I was really tired, so I stayed at home and watched TV ». Like ne veut rien dire de particulier ici, c'est un tic de langage, et on accuse souvent les jeunes d'en abuser.

Activité 5

Les Britanniques ont tendance à rester vagues tantôt parce qu'ils ne veulent pas être impolis, tantôt pour d'autres raisons. À vous d'en décider. Ici, dans chaque cas, reformulez ce que dit le second interlocuteur en employant l'une des expressions que nous avons vues précédemment.

1) Sam: Did you have a good meal at the restaurant?
Katrina: It was OK.
→ ……………………………………………………………………

2) Isobel: What time does the meeting start?
Joe: I'm not sure. I think we need to be there at about 10.00.
→ ……………………………………………………………………

3) Mia: I think Brad Pitt is the most handsome man in the world!
Ruby: Really? Well, I suppose he's quite handsome.
→ ……………………………………………………………………

On dit souvent que les Britanniques ne disent jamais ce qu'ils pensent. En fait, ce n'est pas vrai, mais comme on a vu, ils ont tout plein de petites ressources linguistiques qui leur permettent de brouiller un peu les pistes. Les raisons pour être imprécis sont variées : c'est parfois dû à notre propre incertitude, ou pour ne pas paraître impoli, ou encore pour ne pas trop s'engager. Lire entre les lignes, reading between the lines, est probablement l'une des choses les plus difficiles à apprendre pour maîtriser n'importe quelle langue. Mais si vous n'avez pas brûlé d'étapes, vous devriez, maintenant que ce livre s'achève, avoir appris pas mal de choses qui vont dans ce sens !

Activité 6

Et maintenant, qui veut gagner des millions ? L'heure du quiz final est arrivée ! Je vais vous poser quelques questions, pour voir ce que vous avez retenu au fil des étapes de notre voyage. Le prix ? Eh bien, il n'y en a pas, si ce n'est le goût sucré de la réussite ! Vous êtes prêt ? Allons-y !

1) 

Pouvez-vous me donner deux manières de dire « bonjour » en anglais ?

……………………………………

……………………………………

2) Dites à voix haute le numéro de téléphone suivant :

3) Si vous ne comprenez pas ce qu'on vous dit en anglais, que pouvez-vous dire pour vous donner le temps de réfléchir, ou pour demander que la personne répète ce qu'elle vient de dire ? Pouvez-vous me donner deux mots ou phrases ?

…………………………………………………

…………………………………………………

4) On vous propose d'aller manger un bout à un fish and chip shop. Mettons que vous aimez bien les fish and chips. Qu'est-ce que vous pouvez dire ?

……………………………………

……………………………………

Et si vous n'aimez pas ça ?

……………………………………

……………………………………

5) Vous trouvez que je raconte n'importe quoi : comment pouvez-vous me le dire en anglais ? Allez-y, n'ayez pas peur !

…………………………………………………

…………………………………………………

6) Si je me trouve dans le subway à New York, où suis-je ?

…………………………………………………

Et à Londres, comment l'appelle-t-on ?

…………………………………………………

7) Mon petit cochon d'Inde est mort. Que me direz-vous pour me consoler ?

……………………………………………

……………………………………………

……………………………………………

8) J'ai reçu ce SMS. Dites-moi ce que ça veut dire.

……………………………………………

9)

Si quelqu'un vous aide à trouver votre chemin, que pourriez-vous lui dire pour le remercier ?

……………………………………………

10) Si vous voulez un billet aller-retour dans le métro de Londres, que demanderez-vous au guichet ?

……………………………………

……………………………………

……………………………………

11) Si vous voulez bavarder un peu avec un inconnu, quel sujet constitue un bon choix au Royaume-Uni ?

……………………………………………

……………………………………………

TRAINING TIP

Bon, nous voilà à la fin de notre little trip en Grande-Bretagne. Moi, j'en pars ravi ! Et vous ? J'espère que vous avez eu a good time too ? Il ne me reste plus qu'à vous dire « bye for now », et à vous souhaiter bon courage pour continuer vos aventures en anglais ! Ce n'est pas « the beginning of the end » mais « the end of the beginning » ! Vous devez keep up the good work. Et surtout, comme on dit en anglais, « it's not the winning, it's the taking part » (autrement dit, l'important n'est pas de gagner, mais de participer). Alors, go for it, allez de l'avant, et have lots of fun!

DIALOGUE 1 – traduction

Nelson : OK. Je suis sur la pelouse du village avec l'équipe de Great Thwack. Bon, y a-t-il quelqu'un pour m'expliquer comment ça marche ?

Monty Strauss : Eh bien, Nelson, on a gagné à pile ou face et on va être les premiers à la batte. Little Thwack est notre plus grand adversaire. Il faut qu'on les batte cette fois – notre honneur est en jeu !

Nelson : Alors comment va-t-on faire ?

Monty Strauss : Bon, alors, vous serez le premier à la batte.

Nelson : Ah bon ? Vous êtes sûr ?

Monty Strauss : Ne vous en faites pas. De toute façon, vous resterez là-bas...

1. Nelson : Ici ?

Monty Strauss : Oui, vous allez rester là, et Andy restera ici. OK?

Nelson : Oui, je crois que oui.

Monty Strauss : Bon. Alors tout ce que vous avez à faire c'est de frapper la balle, puis courir quand on criera « courez ! ».

Nelson : C'est tout ? Bon, ben, ça paraît suffisamment simple.

Monty Strauss : Oui, c'est facile. Alors, est-ce qu'on va battre l'équipe de Little Thwack ?

Nelson : Oui !

Monty Strauss : Et est-ce qu'on va gagner le trophée ?

Nelson : *(excité)* OUI !

Monty Strauss : Et...

(Il commence à pleuvoir, et les joueurs quittent le terrain.)

Nelson : Mais attendez ! Où est-ce qu'ils vont tous ?

Monty Strauss : Il pleut. On ne joue pas quand il pleut. On va aller à l'intérieur prendre un thé.

Nelson : Ah... C'est donc pour ça que ce sont toujours les Australiens qui gagnent !

DIALOGUE 2 – traduction

Nelson : Bon, il pleut toujours, donc nous voici dans le pavillon, en train de prendre du thé. Monty, vous devez boire pas mal de thé pendant la saison de cricket, non ?

Monty Strauss : Oh oui. Ça nous aide à avoir de bonnes relations avec le Commonwealth, voyez-vous. Ils exportent leur thé vers l'Angleterre, et nous battent au cricket.

Nelson : Mais c'est nous qui mangeons ces bons petits gâteaux. C'est quoi ça ?

Monty Strauss : C'est un *scone*. Un type de petit gâteau. Ça se mange avec de la confiture et de la crème fraîche épaisse.

Nelson : Délicieux. Mais l'équipe anglaise ne peut pas en manger trop, n'est-ce pas ?

Monty Strauss : Oh, un par ci par là, je suppose.

Nelson : Alors, Monty, vous ne m'avez jamais vraiment expliqué les règles, n'est-ce pas ?

Monty Strauss : Non. Mais ne vous en faites pas trop. J'ai l'impression qu'il va pleuvoir toute l'après-midi. Et les règles sont un peu compliquées.

Nelson : Oui, ça a l'air assez compliqué. Quand est-ce qu'on commence à jouer au cricket à l'école ?

Monty Strauss : Oh, je ne sais pas exactement. Vers l'âge de onze ans ? Ça dépend de l'école. Enfin, peu importe, nous avons un petit cadeau pour vous, en souvenir du match qui n'a jamais eu lieu.

Nelson : Oh, merci. Des jambières de cricket. C'est très gentil !

Monty Strauss : Maintenant, vous aurez de quoi monter une équipe de cricket en France.

Nelson : Oui, mais il me faudrait d'abord arriver à comprendre les règles ! Je ne sais pas si j'en aurai le temps avant de prendre ma retraite !

Petit glossaire anglais-français

* = mot familier

absolutely absolument
adore adorer
afters *(food)* dessert
agree: I agree je suis d'accord
all right? ça va ?
and so on et ainsi de suite
awful affreux
be être
behind derrière
biscuit biscuit
bitter bière rousse un peu amère
brilliant super
buy acheter
bye salut
cab taxi
care: I don't care ça m'est égal
cell (phone) *(Am.)* portable
change *(money)* monnaie
cheers! *(when drinking)* à la tienne ! ; *(hello)* salut !
cheesed off* (to be) en avoir ras le bol
chill out! relax, Max !
cider cidre
coffee café
come off it! mais qu'est-ce que tu racontes ?
congratulations félicitations
crib* *(house)* baraque
crossroads carrefour
crosswalk *(Am.)* passage pour piétons
dangerous dangereux
dead beat* crevé
dear: oh dear! c'est dommage !
definitely absolument
dig* *(understand)* piger
do faire
dodgy* *(ill)* patraque; *(poor)* craignos
done in* crevé
double room chambre double
dreadful affreux
drink boire
eat manger
enjoy apprécier
excuse me! excusez-moi !
expensive cher
fantastic génial
fed up (to be) en avoir ras le bol
finish terminer
fit *(clothes)* aller
forward: look forward to attendre avec impatience
gloves gants
goodbye au revoir
great géant
handshake poignée de main
hang on* *(wait)* attendre
hate détester
have avoir
hello bonjour
helmet *(for cyclist)* casque
hey salut
hi salut
home town ville natale
how do you do? enchanté
iffy* *(ill)* patraque
in front of devant
jack of all trades touche-à-tout
kind of* plutôt
knackered* crevé
lager bière blonde
laptop portable
left gauche
library bibliothèque
like aimer
living: what do you do for a living? qu'est-ce que vous faites dans la vie ?

loads of* des tas de
loathe détester
make faire
meet rencontrer
mic* micro
milk lait
mind: I don't mind ça m'est égal
mobile (phone) portable
mug grande tasse
near près de
next to à côté de
nice sympa/joli/agréable
nonsense: that's nonsense! n'importe quoi !
one-way ticket (*Am.*) aller
opposite en face de
pants (*Brit.*) slip ; (*Am.*) pantalon ; * (*bad*) nul, nase
pavement trottoir
peaky patraque
pelican crossing passage pour piétons
phone téléphone/portable; appeler
prefer préférer
pudding dessert
rather: I'd rather j'aimerais mieux
return ticket aller-retour
right droite
right: that's right c'est exact
ring bague
round-trip ticket (*Am.*) aller-retour
see you (later) à tout à l'heure
see voir
shame: that's a shame c'est dommage
shattered* crevé
sidewalk (*Am.*) trottoir
single room chambre pour une personne
single ticket aller
size (*clothes*) taille
sleep dormir
sorry! désolé !
sorry? pardon ?
sort of* un peu
so-so moyen
speak parler
sponge cake génoise
stadium stade
starter (*food*) entrée
station gare
straight on tout droit
stuck coincé
stuff* des trucs
subway (*Am.*) métro ; (*Brit.*) passage souterrain
sugar sucre
ta* merci
tacky* kitsch
tea thé
teach enseigner, apprendre
teacup tasse de thé
teapot théière
terrible horrible
text message SMS
tube (*underground*) métro
try on (*clothes*) essayer
twin room chambre avec deux lits
underground (*metro*) métro
underpass passage souterrain
watch regarder
write écrire
wrong: you're wrong vous avez tort
yummy* miam-miam
zebra crossing passage pour piétons

Corrigés des activités

ÉTAPE 1

Activité 1

Pour dire bonjour, Nelson dit Hello, et Sandy Hi.
Pour dire au revoir, Nelson dit Bye for now, et Sandy See you later.

Activité 2

Exemples de réponses :

1) A : How do you do? – B : How do you do?
2) A : Hi. – B : Hey. How's it going?
3) A : Bye. – B : See you later.

Activité 3

Exemples de réponse :

1) Hi.
2) How do you do?
3) Bye. See you later.
4) Goodbye.

ÉTAPE 2

Activité 1

Exemples de réponses :

1) My name's Philippe Bernier.
2) I live in Toulouse.
3) Yes, I'm French.
4) I'm thirty-five.

Activité 2

1) Where do you live?
2) How old are you?
3) What's your (phone) number?
4) What's your name?
5) Would you like a cup of tea?

Activité 3

Exemples de réponses :

1) It's a thing for opening cans.
2) You use this for opening bottles of wine.
3) You can hold pieces of paper together with this.
4) You use this to sharpen your pencils.

Activité 5

1) A drink?
2) Your phone number (is)...?
3) You work at...?

ÉTAPE 3

Activité 1

Le numéro de Nelson se prononce « oh seven nine eight seven, seven six five four three two », et le numéro de Matthew « oh seven one two three, four five, double six, seven eight ».

1) oh, double five, one, four three two six three two
2) oh, double nine, eight six, seven eight five one two three
3) oh seven three two six, six nine three seven oh nine

Activité 2

1) 0202 133 6678
2) 07755 321321
3) 01112 333 8910
4) 02022 551155

ÉTAPE 4

Activité 1

1) dig
2) crib
3) creuser
4) berceau

Activité 2

Exemples de réponse : You've lost me ; I don't follow ; Hang on a minute.

1) Would you like to go to the cinema tonight?
2) Shall we sing a song together?
3) What's your mobile number?

Activité 3

1) Hang on.
2) You've lost me.
3) Uh-huh. I think so.

Activité 4

1) Sorry!
2) Sorry?
3) Sorry?
4) Sorry!

ÉTAPE 5

Activité 1

Exemples de réponses :

1) I like golf. / I don't really like golf.
2) Speaking English is great! / I'm not keen on speaking English.
3) I adore roast beef. / I can't stand roast beef.
4) I really enjoy horror films. / I really don't like horror films.

Activité 2

1) Christmas pudding
2) Baked beans
3) Fish and chips
4) Curry

Exemples de réponses :

1) No thanks. I don't really like Christmas pudding.
2) Oh yes please. I adore baked beans!
3) Thanks, I really like fish and chips.
4) No thanks, I'm not keen on curry.

Activité 3

1) No thanks. I don't really like *ou* I really don't like tennis.
2) No thanks. I don't really like *ou* I really don't like football.
3) No thanks. I don't really like *ou* I really don't like ice skating.
4) No thanks. I don't really like *ou* I really don't like golf.

Activité 4

1) keen
2) stand
3) really
4) take... leave

ÉTAPE 6

Activité 1

1) I'd rather not go to the cinema, if you don't mind.
2) I'd prefer to eat Chinese food to Italian tonight.
3) If it were up to me, I'd love to go to the panto!

Activité 2

Exemples de réponses :

1) I'd prefer to go to the theatre than take a trip on the London Eye.
2) I'd rather visit Stonehenge than the Tower of London.

ÉTAPE 7

Activité 1

1) Yes I do!
2) Yes I have!
3) Yes I am!
4) No I'm not!

Activité 2

Exemples de réponses :

1) Don't be ridiculous! That's the UK.
2) That's right. It's Canada.
3) Come off it! That's the USA.
4) That's nonsense! It's Australia.

Activité 3

Exemples de réponse :

1) You're quite right. I hate jazz music too. It all sounds the same to me.
2) Definitely. With all those stars, there must be intelligent life somewhere else. I'm sure they exist.
3) Absolutely. It's easy if you have a go and don't worry about making mistakes.
4) Come off it! We want to enjoy our retirement after working hard, don't we?

Activité 4

1) It's nine forty five. *ou* It's a quarter to ten.
2) It's one thirty. *ou* It's half past one.
3) It's five fifty. *ou* It's ten to six.
4) It's midnight. *ou* It's twelve o'clock.

Activité 5

1) It's twenty after ten.
2) It's twenty of four *ou* twenty 'til four.
3) It's twenty five after ten.
4) It's ten after midnight *ou* ten after twelve.

Activité 6

1) high
2) and
3) hat
4) hungry

1) How **high** is that wall?
2) I like pop music **and** dance music.
3) That **hat** is ridiculous!
4) You looked **hungry** when I saw you this morning. Did you find something to eat?

ÉTAPE 8

Activité 1

Exemples de réponses :

1) Walk down Piccadilly to Piccadilly Circus. Go straight across Piccadilly Circus and then walk along Coventry Street until you reach Leicester Square. You can't miss it!
2) Come out of Leicester Square onto Charing Cross Road and turn right. Walk straight down Charing Cross Road and at the end you'll reach Trafalgar Square.

3) At the top of Trafalgar Square you can see St Martin's Lane on the right hand side. Walk up St Martin's Lane until you get to Long Acre. Turn right into Long Acre and walk along here until you see James Street on your right. Turn right and walk down James Street and Covent Garden is right in front of you.

Activité 2

1) Trafalgar Square.
2) Charing Cross Station.
3) Buckingham Palace.

Activité 3

1) next to
2) behind
3) in front of

Activité 4

anglais américain	*anglais britannique*	*français*
crosswalk	zebra crossing	**passage pour piétons**
subway	**underground/tube**	**métro**
crosswalk	pelican crossing	**passage pour piétons**
sidewalk	**pavement**	**trottoir**
underpass	**subway**	**passage souterrain**

Activité 5

Exemples de réponses :

[…] – Yes. Do you have a double room? – […] – For 3 nights. – […] – And are all the rooms en suite? – […] – What time do I have to check out? – […] – OK, I'll take it please. Thank you very much.

ÉTAPE 9

Activité 1

1) Were you?
2) Did it?
3) Did you?
4) Were you?
5) Did you?
6) Did he?
7) Did you?

Activité 2

1) Did you?
2) Did you?
3) Have you?
4) Did he?
5) Are you?

Activité 3

1) Did you? *ou* Really?
2) Did you? *ou* Really?
3) Did you? *ou* Really?
4) Did you? *ou* Really?

Activité 4

Exemples de réponses :

1) Congratulations!
2) Oh, I'm sorry to hear that.
3) Oh dear. That's awful.
4) That's great news!

Activité 5

Exemples de réponses :

1) Is it? Congratulations!
2) Did she? I'm sorry to hear that.
3) Have you? Fantastic!
4) Are you? That's great news!
5) Has he? Oh, that's a shame.

ÉTAPE 10

Activité 1

1) True.
2) False.
3) False.
4) False.

Activité 2

Exemples de réponses :

1) I don't really want to.
2) I'm not sure I like it.
3) It seems a bit dangerous.
4) Do you really think I should?
5) Can I think about it?

Activité 3

1) Take the first train from platform 1, change at Oxford Circus and take the Central Line to Tottenham Court Road.
2) Take the first train from platform 2, change at Holborn and take the Piccadilly Line to Covent Garden.
3) Take the first train from platform 1, change at Leicester Square and take the Piccadilly Line to Russell Square.

Activité 4

1) I could take the tube.
2) I might buy a return (ticket).
3) I have to change at Baker Street.

Activité 6

1) left – first – right
2) right – second – left
3) left – third – left

Pour arriver à...	Tournez à ...	puis prenez la ...	à ...
... la bibliothèque	gauche	1re	droite
... la gare	droite	2^{e}	gauche
... la cathédrale	gauche	3^{e}	gauche

Activité 7

1) A return to London, please.
2) I'm not sure.
3) What a good idea!
4) I might go to the cinema.

ÉTAPE 11

Activité 1

1) Good to see you again.
2) You're looking well.
3) What's the plan?
4) Cool.
5) Sounds good.
6) Off we go.

Activité 2

1) That'll suit you better.
2) I'll have a word with the boss.
3) He'll give me a pay rise.

Activité 3

1) I'll visit him on Tuesday.
2) I'll buy it next year.
3) I'll help you in a minute.
4) I'll pay for it next week.

Activité 4

1) I take a (size) ten.
2) I take a (size) three.

Activité 5

try on – size – suit – much

Activité 6

1) too small.
2) £900.
3) Chelsea.
4) a football shirt.

ÉTAPE 12

Activité 1

1) True.
2) False.
3) False.
4) True.
5) False.

Activité 3

1) I'm afraid I might arrive late. *ou* I'm afraid of arriving late.
2) I'm afraid I might look stupid. *ou* I'm afraid of looking stupid.
3) I'm afraid I might break the teapot. *ou* I'm afraid of breaking the teapot.
4) I'm afraid I might die. *ou* I'm afraid of dying.

Activité 4

Exemple de réponse :
As a starter I'd like the pâté. For the main course, I'd like roast beef. For dessert I'd like ice-cream, and I fancy a glass of red wine, please.

ÉTAPE 13

Activité 1

1) Vous attendez le match avec impatience ?
2) Est-ce que je pourrais vous dire deux mots ?
3) Relax (Max) !
4) Je crois que j'ai besoin d'une autre bière.
5) On verra bien.
6) C'est ta tournée.
7) Pas de problème.

Activité 3

Exemples de réponses :
1) Thank you ever so much.
2) Thanks very much indeed.
3) Thanks. *ou* Cheers.
4) Thanks very much.
5) Thanks.
6) Thank you very much.
7) Cheers.
8) Thanks.

Activité 4

1) What can I get you?
2) What's your poison?
3) It's best not to mix.
4) Wise move.
5) Keep the change.

Activité 5

	bread	milk	cheese	biscuits	bananas	water	sugar
David orders...	✓		✓	✓		✓	
Carol orders...		✓			✓		✓

Activité 6

Exemples de réponses :

– [...] – Two pints of bitter, please. – [...] – Yes, two cokes, please. – [...] – A bag of peanuts, please. – [...] – Here's ten pounds. Keep the change. – [...] – Cheers.

Activité 7

1) supporters
2) rugby
3) stadium
4) match
5) shirts – flags
6) win

ÉTAPE 14

Activité 1

1) Faux.
2) Vrai.
3) Vrai.
4) Faux.
5) Vrai.

Activité 2

1) See you tonight at eight (o'clock).
2) Can you phone me tomorrow?
3) (Have) you got plans for today?
4) (I will) be with you in ten (minutes).

a) Le 4e.
b) Le 2e.
c) Le 1er.
d) Le 3e.

Activité 3

1) I'll text you the photo this afternoon.
2) I'll email you the number later.
3) I'll email you the address as soon as possible.
4) I'll text you the news very soon.
5) I'll email you some ideas next week.
6) I'll text you the joke in a few minutes.

Activité 4

1) Pardon.
2) Sorry.
3) Excuse me.

ÉTAPE 15

Activité 1

1) True.
2) False.
3) False.
4) False.

Activité 3

1) to have a lot on one's plate
2) That's a good point.
3) Nice one!

Activité 4

1) isn't it?
2) isn't he?
3) have you?
4) is she?
5) do we?
6) hasn't he?

Activité 5

1) bike
2) cycling
3) safety

Activité 6

head – Cycling – interested – sports – having – biscuits

Activité 7

	Without milk *Sans lait*	With milk *Avec du lait*	Number of sugars *Nombre de sucres*
David wants a cup of tea...		✓	
Carol wants a coffee...	✓		1
Ann wants a coffee...		✓	0
Michael wants a tea...	✓		2

Activité 9

1) Pleased to meet you.
2) Fancy a coffee?
3) White, two sugars, please.
4) Twist my arm.
5) Thanks very much.

ÉTAPE 16

Activité 1

1) Moi aussi.
2) (Il fait) pas chaud, hein ?
3) Pas besoin d'aller à l'étranger.
4) Beaucoup trop chaud.
5) Vous allez à Blackpool ?
6) Un type bien.
7) Tout ça est très étranger.
8) Charmant.

Activité 2

1) a builder – construction site
2) a teacher – school
3) a policeman – traffic
4) a nurse – hospital

Activité 3

1) True.
2) False.
3) True.
4) True.
5) False.

Activité 4

+2°C: Cold
+9°C: Chilly
+14°C: Mild
+20°C: Warm
+28°C: Hot
+36°C: Boiling

Activité 5

Exemples de réponses :
1) I don't think much of it.
2) It's OK.
3) I love it!
4) I think it's useful.

Activité 6

	he hates it	he doesn't really like it	he likes it	he loves it
jacket	✓			
shirt			✓	
scarf				✓

ÉTAPE 17

Activité 1

1) one year ago
2) three months
3) four mountains
4) eleven hours

Activité 2

1) I've washed the dishes.
2) I've cleaned the bathroom.
3) I haven't prepared the vegetables for lunch.
4) I've phoned Uncle Tom.
5) I've interviewed Becky Fish.
6) I haven't listened to the news on the radio.

Activité 3

1) I've done the washing-up.
2) I've bought the food.
3) I've met the new client.
4) I've spoken to the boss.
5) I've been ill.
6) I've had some good news.

Activité 4

1) Yes, I've met (*ou* No, I've never met) a famous person.
2) Yes, I've had (*ou* No, I've never had) a baby.
3) Yes, I've bought (*ou* No, I've never bought) a house.
4) Yes, I've been (*ou* No, I've never been) unhappy.
5) Yes, I've done (*ou* No, I've never done) an imitation of Nelson.

Activité 5

1) False.
2) False.
3) True.
4) True.
5) True.
6) False.

Activité 6

Mark has lived in his house for 5 years.
Mark has studied Spanish since 2007.
Anna has lived in London for 8 years.
Anna has studied Italian since August.

Activité 7

Exemples de réponses :
1) I've lived in this house for 10 years *ou* since 2002.
2) I've studied English for a year *ou* since 2011.
3) I've owned a mobile phone for about 5 years *ou* since 2007.
4) I've used a computer for more than 10 years *ou* since at least 2000.
5) I've shopped online for less than a year *ou* since last year.

Activité 8

1) I ate in an elegant restaurant
2) I wrote a novel
3) I drank champagne
4) I slept in a five-star hotel

Activité 9

1) Mark est fatigué.
2) Anna en a assez.

ÉTAPE 18

Activité 1

1) c. un projet que Monty a établi avant le match.
2) a. quelque chose que Monty décide sur le moment.
3) b. une stratégie que Monty me suggère pour bien jouer.

Activité 2

1) a.
2) a.
3) a.

Activité 3

Monday: meet wife for lunch 12.00.
Tuesday: meeting at France Télévisions, 10.30. All day.
Wednesday: seeing publishers, 9.45. Lunch with Philippe, 13.00.
Thursday: Gymnastics competition, 8.30. All day.
Friday: Gymnastics competition, 8.30. TV chat show, 15.00.

Activité 4

1) A sort of cake.
2) Oh, the odd one, I expect.
3) And the rules are kind of complicated.
4) About the age of elevenish.

Activité 5

Exemples de réponses :

1) It was goodish. / It was sort of good.
2) I think we need to be there at tenish.
3) I suppose he's handsomeish. / I suppose he's kind of handsome.

Activité 6

1) Exemples de réponses : Hello. / Hi. / How's it going?
2) oh two oh, double three, four four four one two three four.
3) Exemples de réponses : Er/Um/I don't follow/You've lost me.
4) Exemples de réponses : Fantastic! I love fish and chips! ; I don't really like fish and chips.
5) Exemple de réponse : You're talking rubbish!
6) Dans le métro ; the tube *ou* the underground.
7) Exemple de réponse : I'm so sorry.
8) Speak to you later.
9) Exemples de réponses : Thanks very much indeed. / Thanks a lot.
10) A return ticket.
11) Le temps qu'il fait.

Ma collection d'objets

Saurez-vous lister ici les objets que j'ai réunis pour ma collection à chacune des étapes de mon séjour en Grande-Bretagne ?

Étape 1 ....
Étape 2 ....
Étape 3 ....
Étape 4 ....
Étape 5 ....
Étape 6 ....
Étape 7 ....
Étape 8 ....
Étape 9 ....
Étape 10 ....
Étape 11 ....
Étape 12 ....
Étape 13 ....
Étape 14 ....
Étape 15 ....
Étape 16 ....
Étape 17 ....
Étape 18 ....

Crédits photographiques

Pages intérieures – de gauche à droite et de haut en bas :

Partout (CD) © Alexstar/Fotolia ; p.2 © RTimages/Fotolia ; p.3 © nyul/Fotolia, © Helder Almeida/Fotolia, © michaeljung/Fotolia ; p.6 © Ruth Black/Fotolia ; p.7 © Springfield Gallery/Fotolia, © cristi180884/Fotolia, © Ella/Fotolia, © Lasse Kristensen/Fotolia ; p.10 © Creatas © 2001 Dynamic Graphics, Inc ; p.11 © RTimages/Fotolia ; p.12 © klikk/Fotolia, © klikk/Fotolia, © picsfive/Fotolia, © Paul Cowan/Fotolia, © Arti_Zav/Fotolia, © Monkey Business/Fotolia, © Monkey Business/Fotolia, © milosluz/Fotolia, © Creatas © 2001 Dynamic Graphics, Inc, © fotonic/Fotolia ; p.16 © Mona Makela/iStockphoto, © helix/Fotolia, © imabase/Fotolia, © Vuk Vukmirovic/Fotolia ; p.18 © Anyka/Fotolia ; p.19 © Springfield Gallery/Fotolia, © Joe Gough/Fotolia, © Kheng Guan Toh/Fotolia, © Paul Cowan/Fotolia ; p.23 © Creatas © 2001 Dynamic Graphics, Inc, © Creatas © 2001 Dynamic Graphics, Inc, © Creatas © 2001 Dynamic Graphics, Inc, © Creatas © 2001 Dynamic Graphics, Inc ; p.24 © WinMaster/Fotolia, © Anatol/Fotolia, © abdulsatarid/Fotolia, © Unclesam/Fotolia, © Piotr Sikora/Fotolia ; p.26 © Photolibrary/Alamy ; p.27 © Ronald Hudson/Fotolia, © Iryna Volina/Fotolia, © Dawngo/Fotolia, © skvoor/Fotolia ; p.32 © objectsforall/Fotolia ; p.34 © Vladimir Ivanov/iStockphoto, © Jacob Wackerhausen/iStockphoto, © Pavel Losevsky/iStockphoto ; p.38 © angelo.gi/Fotolia ; p.40 © Yuri Arcurs/Fotolia, © Doreen Salcher/Fotolia, © David Smith/Fotolia, © Yuri Arcurs/Fotolia ; p.42 © Ruslan Olinchuk/Fotolia ; p.43 © QQ7/Fotolia ; p.45 © Creatas © 2001 Dynamic Graphics, Inc ; p.49 © Creatas © 2001 Dynamic Graphics, Inc ; p.52 © Patrick White, © Patrick White ; p.57 © Janet Thorpe/Fotolia ; p.58 © Sebastien Montier/Fotolia, © ilumus photography/Fotolia, © Viktorija/Fotolia, © Dušan Zidar/Fotolia, © Liv Friis-larsen/Fotolia, © Taratorki/ Fotolia, © Engin Yavas/Fotolia, © Marco Mayer/Fotolia ; p.59 © Liv Friis-larsen/Fotolia ; p.60 © Jenny Solomon/Fotolia, © bbourdages/Fotolia, © Creatas © 2001 Dynamic Graphics, Inc, © Yuri Arcurs/Fotolia, © Xavier Marchant/Fotolia, © Christopher Howey/Fotolia, © Bernd Leitner/Fotolia, © diebarbieri/Fotolia ; p.64 © michaeljung/Fotolia, © AVAVA/Fotolia, © air/Fotolia, © Diego Cerva/Fotolia, © Kim Ruoff/Fotolia, © Tomas Del Amo/Fotolia, © Ilya Postnikov/Fotolia, © Monkey Business/Fotolia ; p.67 © SCFotos/Alamy ; p.71 © RTimages/Fotolia ; p.76 © Argus/Fotolia ; p.78 © Anterovium/Fotolia, © i4lcocl2/Fotolia ; p.80 © Tamara Kulikova/Fotolia ; p.83 © HL/Fotolia ; p.88 © Monkey Business/Fotolia, © michaeljung/Fotolia, © wazymodo/Fotolia, © Monkey Business/Fotolia ; p.89 © Pefkos/Fotolia ; p.92 © FOTOCROMO/Fotolia ; p.96 © JohnKwan/Fotolia ; p.97 © Vladislav Gajic/Fotolia, © Pumba/Fotolia, © Yuri Arcurs/Fotolia, © goodluz/Fotolia, © DPix Center/Fotolia, © Yuri Arcurs/Fotolia ; p.99 © Vladimir Wrangel/Fotolia, p.105 © Andy Dean/Fotolia, p.106 © Yuri Arcurs/Fotolia, © Pavel Losevsky/Fotolia, © Antonio Nunes/Fotolia ; p.107 © Gordon Bell/iStockphoto ; p.110 © Helder Almeida/Fotolia, © RTimages/Fotolia, © Sharpshot/Fotolia ; p.111 © Creatas © 2001 Dynamic Graphics, Inc, © pierredesvarre/iStockphoto, © RTimages/Fotolia